新闻传播理论与实践研究

王海迪◎著

中国原子能出版社

图书在版编目（CIP）数据

新闻传播理论与实践研究／王海迪著. — 北京：
中国原子能出版社，2023.5

ISBN 978-7-5221-2731-6

Ⅰ.①新…　Ⅱ.①王…　Ⅲ.①新闻学–传播学–研究
Ⅳ.①G210

中国国家版本馆 CIP 数据核字（2023）第099783号

新闻传播理论与实践研究

出版发行　中国原子能出版社（北京市海淀区阜成路 43 号　100048）

责任编辑　杨晓宇

责任印制　赵　明

印　　刷　北京天恒嘉业印刷有限公司

开　　本　787 mm×1092 mm　　1/16

印　　张　12.75

字　　数　214 千字

版　　次　2023 年 5 月第 1 版　2023 年 5 月第 1 次印刷

书　　号　ISBN 978-7-5221-2731-6　　定　价　72.00 元

前　言

费尔巴哈说过一句哲学名言："作为起源，实践先于理论；一旦把实践提高到理论的水平，理论就领先于实践。"这句话阐明了理论研究的重要性，那就是理论研究具有超前性，某种意义上可以指导实践。新闻传播理论是整个新闻传播学体系中的基础理论部分，我们学习新闻传播理论，首要的一个目的，就是严格训练和努力增强学习者的理论思维。新闻传播理论知识的学习，并非机械的记忆过程，也不是对概念的照搬，而是要在理解理论的基础上充分动脑，思考其中的一些逻辑关系，以及和实践联系起来思考各种实际问题。

理论是实践的先导，实践是检验理论是否可行的价值标尺。开展新闻传播实践工作，必须以新闻传播理论为指导，强化基本的新闻传播理论素养，推进新闻传播实践工作水平迈向新的阶段。一个人的理论素养以及文化素质的提高，需要广泛开拓理论视野。不同学科的理论之间有许多相互交叉或相辅相成的内容，在一个知识爆炸、学科渗透的时代，如果理论视野狭窄，就不可能在残酷的竞争中达到一个运筹帷幄、应对自如的境界，从事新闻工作尤为如此。

本书共分为六个章节。第一章为新闻传播理论的发展，主要就新闻传播理论的基本概念、新闻传播理论的历史与逻辑、马克思主义视野中的新闻传播理论三个方面展开论述；第二章为新闻传播研究的转向，主要围绕新闻传播研究的范畴、新闻传播研究的"文化转向"、新闻传播跨学科理论分析展开论述；第三章为新闻传播理论的实践，依次介绍了新闻传播理论范式的实践导向、新闻传播理论的实践领域两个方面的内容；第四章为新闻传播理论在旅游传播中的实践，依次介绍了旅游和新闻传播的关系，旅游传播的性质、特点与功能，旅游传播的基本原理、旅游传播过程中的要素分析四个方面的内容；第五章为新闻传播视阈下旅游传播的发展趋势，分为三部分内容，依次是新媒体时代的旅游传播、文旅融合背景下的旅游传播、旅游传播的创新研究。第六章为新闻传播理论与实践的新发展，依次介绍了数字化发展、跨学科发展、本土化发展三个方面的内容。

在撰写本书的过程中，作者得到了许多专家学者的帮助和指导，参考了大量的学术文献，在此表示真诚的感谢。本书内容系统全面，论述条理清晰、深入浅出，但由于作者水平有限，书中难免会有疏漏之处，希望广大同行和读者批评指正。

作者

目 录

第一章　新闻传播理论的发展

新闻传播理论具有动态性与永恒性发展特征，它是人类社会思想文明的结晶。本章节内容为新闻传播理论的发展，主要就新闻传播理论的基本概念、新闻传播理论的历史与逻辑、马克思主义视野中的新闻传播理论三个方面展开论述。

第一节　新闻传播理论的基本概念

一、对新闻传播的理解

（一）新闻的本质及定义

1. 新闻的本质

（1）新闻是狭义上的信息

从广义上说，信息（information）泛指人类传播的一切内容。包括从自然界和社会中获得的各种信息，以及各种知识、经验等。信息与物质、能量并列，构成人类生存环境的三大基本因素。各种声音、图像、语言、文字等，都是信息的形式。知识、经验和思想，音乐、电影和小说等，都是信息流。

从狭义上来说，信息是关于一切人们认识世界的消息，这种确定的消息可以帮助人们消除顾虑。例如，关于高校招生录取分数线的报道，消除了人们对这方面的不了解、不确定。这种信息越是明确具体，就越能消除不确定性，质量就越高。新闻属于狭义上的信息。

（2）新闻是事实性信息

根据信息的性质，我们一般将它分为三类，分别是事实性信息、意见性（观点）信息和情感性信息。新闻属于事实性信息。这类信息的特点是，对事实的陈述和表达；意见性信息顾名思义，是指表达意见和观点的文章、演讲报告、时事评论、学术著作等，是提出个人或群体观点的信息；情感信息是指明确包含着作者的态度，传达出作者的某种感情的信息。

新闻是对事件或者消息的报道，最基本的要求就是真实性，也就说要符合事实。有些新闻报道还会将新闻发布者的观点和情感融入其中。但无论哪种形式的新闻，都必须完全符合事实。新闻报道中最忌讳的就是在事实外添油加醋，或者虚构事实，这些都属于虚假不实报道。

由此可以看出，所谓的新闻就是指事实。既然是事实，它本身是没有对错之分的，也无论新闻正确与否。新闻只有真假之分，以及报道准确不准确之分。所以，我们强调的是新闻的真实性、准确性，而从来不强调新闻的正确性。至于通常所说的新闻来源，即新闻报道的信息来源，则可以是事发现场，也可以是别人的转述，不一定是事实本身。

（3）新闻是有新闻价值的信息

新闻不是所有的事实性信息，新闻仅会选择有一定价值的信息报道。有价值的定义是指，新闻的"真实、时效性、公众需要"三个方面的因素。由此可得出新闻的定义。

2. 新闻的定义

新闻的定义也要与时俱进。徐宝璜把新闻定义为"多数阅者注意之最近事实"，那时还没有广播电视的听众和观众，更没有"受众"的概念，也没有"信息"的概念，没有事实与事实的信息之区分。陆定一说"新闻的定义，就是新近发生的事实的报道"。当时，陆定一所处的革命根据地，甚至是国内，都还没有依赖于电子媒体的"现场直播"，也还没有产生现代的"受众"等概念。

（1）广义上的新闻

广义上的新闻指最新发生的、有传播价值的、真实的各种形式的信息。

这里所说的各种形式指，在媒介的选择上，可以是口头的、书面的、即时通工具或者大众传媒等媒介形式；在传播形式上，可以是新闻报道、时事评论、演讲或者新闻发布会。

新闻的传播渠道也是多种多样的，包括广播电视、互联网、报纸、短信等等。发生的事实在最短时间内发出，无论哪种渠道，都可以称为新闻。如今，很多人摒弃了传统的广播电视和报刊等渠道，不是他们不需要任何新闻，而是从其他渠道得到了获取成本（包括钱、时间和精力）更低或令他们更感兴趣的新闻。

新闻的内涵包括三个方面：真实、新鲜、传播对象需要。

真实性是新闻的基础，没有真实性就不能叫作新闻，只能称为文艺作品。新闻又必须是新鲜的，否则只是旧闻、软广告、历史故事、老生常谈。新闻还必须是传播对象需要的，否则只是传者需要的宣传，或自娱自乐的琐闻。

新闻不是文艺作品，也不是心灵鸡汤，它是一种事实性信息，一定要以真实发生的事实为基础，通过一定的渠道传播出去。在这里，新闻信息指的是狭义上的信息；"事实性"包括的范围比较广泛，既指真实发生的事件，也可以指和事件相关的一些观点、意见和评论，以及新闻报道者的某种态度及感情，都可以作为一种事实出现在新闻报道中。

（2）狭义上的新闻

主要指的是报纸、互联网、广播电视等大众媒介上存在的有新闻传播价值的信息。包含有头版头条新闻、一句话新闻、标题新闻，以及一些其他形式的新闻报道。狭义新闻是广义新闻的一部分，其传播对象是非常广泛的，能够接受新闻信息的人群都是其受众。因而其定义应该是：真实、新鲜、受众需要的信息。

一直以来，专门家们对新闻的定义中并没有受众的概念出现。也就是说，之前的新闻是以报道者为中心的。如今，随着互联网的兴起和发展，人们对新闻有了很大的选择权和互动的权利。新闻传播的观念也应该发生转变，否则只会被受众抛弃。

（二）关于传播定义的观点说

传播学中所使用的"传播"一词是英语 communication 的对译词，其意义广泛，包括交流、交通、交往、通信、会话等，communication 的意域更加广泛。关于"传播"一词的定义众说纷纭，概括起来主要有以下几种观点。

第一，共享说。即传播者与受传播者对信息的分享，我们在传播时是努力想同他人确立共同的东西，即努力共享信息、思想或态度。如甲向乙发出某信息后，该信息由甲独享变成甲乙共享，所谓"心有灵犀一点通"就是对信息共享的描述。诚然，多数情况下传播是为了实现共享的目标，但毕竟还存在着相异的情况，"共享说"不能适用于一切传播现象。

第二，交流说。传播是有来有往的双向的活动。这种对传播的定义类似"共享说"，但"交流说"的着眼点不在结果而在过程。所谓交流，意味着传方发出的信息受方必有回应，事实上却未必如此。传播是否成立固然取决于传受双方是否齐全，缺了任何一方传播过程就不完整，但不取决于受方是否有反应或反应如何。因此，这也不是一个关于传播的理想定义。

第三，影响（劝服）说。持这种观点的人认为，传播是有目的的行为，是传播者欲对受传者通过劝服施加影响的行为，突出了传播的功利性。传播一定会影响他人。从这一观点出发突出强调了传播者的主观动机，并以此理解传播行为，这样定义传播虽有可取之处，但局限性也很明显。首先，在传播过程中，影响是相互的，传播者和受传者的角色关系会相互转换，传播者在影响他人的同时，也在受他人的影响。其次，传播有时是一种目标模糊的行为，并非都具有目的性，生活中存在着大量的无意图的传播，只是一般信息的传递。因此，这种典型的以传播者为中心的定义是不符合传播的实际的。

第四，信息说。这种观点认为，传播是信息的流动。传者和受者之间传受的到底是什么？以上几个定义可概括表述为：信息、思想、态度等。实际上，可以集合成一个概念，即信息。广义地看，思想也好，态度也好，无非都是信息。将它们并列的原因可能是，对"信息"做了狭义的理解。信息的传播过程，就是人与人之间建立共识的过程，它们通过对信息的共享来完成。

"信息"一词是从信息科学中借用来的概念，有了信息的概念，传播定义的阐述就更为简洁和确切了。经过以上分析，结合信息科学视角，我们为传播学中的传播下一个基本定义，即所谓传播就是人类传受信息的行为或过程。这个概念中有两个关键词：第一个词为"传受"，它强调了信息的流动，只有处在流动中才有意义，这是传播的形式；第二个词为"信息"，这是传播行为的内容。

因此，传播可以分为广义的和狭义的，前者泛指一切形式的信息传播，后者特指新闻传播。

（三）新闻传播活动

一般词典中并没有"新闻传播活动"词条，但有"新闻"和"传播"词条，我们可以据此了解一般社会成员对新闻传播活动的基本理解。事实上，报社、通讯社、广播电台、电视台等报道的消息也源于社会上最近发生的新事情，是关于这种新事情的信息。那么，用一句话概括，新闻就是社会上最近发生的新事情或其信息。新闻传播活动相应地就是广泛散布社会上最近发生的新事情或其信息的社会活动。这里的"新事情"显然指的是新鲜事实。但是事实本身是不能传播的，能传播的只能是关于事实的信息。这反映了社会生活中人们对新闻与事实以及新闻传播活动是非混杂的理解。

"新闻传播活动，就是人们之间相互进行的获取新情况、交流新信息的社会传播活动。"① 黄旦先生的这一界定，强调新闻传播活动中主体间的交互性、人际性，也暗含着信息交流的平等性和共享性。

从狭义上看，新闻传播活动是职业传播者在一定的组织形式下利用大众媒介介进行的新闻信息采集、加工、传输等一系列行为的总和，是具有独立性和系统性的社会活动。这种新闻传播活动，我们可以称为职业新闻传播活动。

从中观意义上看，新闻传播活动就是传播者的信息采集、加工、传输等活动与受众的信息接收活动的总和，是传者和收者围绕信息的传与收共同展开的互动、协调活动。这种新闻传播活动，我们可以称为大众新闻传播活动。大众新闻传播活动的传收双方，身份明确，地位平等，互动性极强；所传播的新闻信息不仅具有新闻性，而且自成单位；对传播活动本身的自觉意识较强，目的明确。

从广义上看，新闻传播活动就是人们及时公开交流、扩散新鲜信息的行为。这就是最广泛意义上的新闻传播活动。它强调主体是人，至少有两个个体的人，但并无传者和受者的区分。它强调客体是新信息，但并不要求新信息自成单位、独立传播。这种新信息可以混杂在其他各种信息之中，可以混杂在其他信息的传播之中，只要得到及时传播，就属于新闻传播活动，至少是新闻传播活动的胚胎

---

① 黄旦. 新闻传播学 [M]. 2 版. 杭州：杭州大学出版社，1997：3.

和幼芽。所以，以新信息促成和维持人的关系的公开活动都是新闻传播活动。

新闻传播活动是沟通信息交流情况的一种社会活动，是人与人之间对新近发生的事实进行相互传达的基本方式。在现实生活中，人们每天听广播、看电视、读报纸，从中获取各式各样的新闻。与此同时，人们在相互交往中，随时自觉或不自觉地了解新闻信息。可以说，没有新闻传播活动的社会是难以想象的。

（四）新闻媒介

新闻传播属于信息传播范畴。传播学认为，信息与传播不可分，世界上没有离开传播而独立存在的信息，也没有不包含信息的传播；而信息传播又都离不开媒介，媒介是信息传播的基本要素之一。

所谓媒介，指的是承载着信息存储和传播功能的物质工具，它起到的是传递和接受信息的"中介"作用。

我们通常认为的媒介物质载体包括三大类，即通讯类、广播类和网络类。而我们研究的新闻媒介，则特指的是面向大众的传播媒介。

以传播新闻信息符号为主的物质载体，被称为新闻媒介。它主要包括广播类媒介，如报纸、杂志、无线广播、布告以及国际互联网等，向大众传播消息或影响大众意见的传播工具。新闻媒介有广义、狭义之分。广义的新闻媒介泛指所有传播新闻信息的媒体，既包括大众新闻媒介，也包括人际传播中的各种语言符号，和身体语言、视觉语言等非语言符号的传播载体；而狭义的新闻媒介专指以传播新闻信息为主的大众传播媒介，如报纸、通讯社、广播、电视、新闻性杂志等。新闻传播学中的新闻媒介，一般指狭义的新闻媒介。

目前关于媒介的定义中比较常见的、比较简单的是把媒介概括为传输信息的工具。稍微复杂一点的为：媒介就是承载并传递信息的物理形式。广义上的媒介可以是万物，凡是能使人与人、人与事物，甚至事物与事物之间产生联系的，都可以称作媒介。

广义上的媒介包含范围相当广泛，除了我们所熟知的大众传播渠道，人的语言、动作、表情、服饰，文艺表演中的舞蹈、音乐等能够传递信息的一切方式，都可以称为媒介。它们的共同特点是，能够通过一定的信道传送符码。

如今，所谓的媒介多指信息面向大众的传播介质，也就是传播学意义上的大众媒介。传播学家施拉姆被称为"现代大众传播学之父"，他曾提出："媒介就是插入传播过程之中，用以扩大并延伸信息传送的工具。"① 关于媒介的定义，他的这一观点得到了普遍认同。根据这一观点，狭义的媒介普遍被认为指的是报纸、广播、电视、互联网等传播信息资讯的载体。

二、 受传者理论基本概念

（一）传播效果的概念

长期以来，传播效果的概念的界定一直是模糊不清的。概念的模糊不清，直接导致了许多相关理论的阐释和把握产生诸多分歧。因而，有必要对此概念进行界定与解读。在传播学研究领域，普遍认为"传播效果"具有以下双重含义。

第一，传播行为具有说服性，能引起受传者态度上、心理行为上的变化。这一重含义是从微观视角出发，关注带有说服动机的传播行为在受众身上所引发的一系列变化、传播者的目标在多大程度上得以实现。

第二，指大众传播媒介的传播活动对社会群体或者个体产生的影响。这种影响可能是长期的，也可能是短期的；可能是间接的，也可能是间接的；可能是有意的，也可能是无意的；可能是非常明显的，也可能影响是隐性的、潜在的，短时间内显示不出来的。这一重含义是从宏观视角出发，主要着眼于社会化效果，关注大众传播媒介对社会的运行、发展所产生的长期的、宏观的综合性影响。这种影响是大众传播媒介社会角色的反映，也是大众传播媒介应承担起的社会责任。

传播效果的双重含义，划分了此研究领域的两大主要方向，一个是将研究重点置于对具体传播过程中即时的、对个体的影响；另一个是对大众传播媒介在社会发展与运行中的效果与影响进行全景式考察。

---

① ［美］威尔伯·施拉姆，［美］威廉·波特.传播学概论［M］.陈亮，等译.北京：新华出版社，1984：144.

（二）传播者理论

有关传播者研究的理论的提出是从库尔特·卢因（Kurt Lewin）和大卫·怀特（D. M. White）开始的。我国学者的代表性看法是，"从卢因、怀特、麦克内利到巴斯，其把关人研究的主要特点，是对一个由信源到受众这样复杂的新闻运转过程中的写作、修改、删节、合并、舍弃、过滤、扩充、编辑等守门现象进行描述和分析"[①]。

1. "把关人"理论

库尔特·卢因（Kurt Lewin）第一个提出"把关人"这一概念。所谓"把关"，顾名思义，就是对大量信息进行一个筛选和过滤的过程。"把关人"就是对信息进行筛选过滤的工作人员，"把关人"既可以是从事媒体相关工作的个人，也可以是媒介组织。

卢因对"把关"的研究大概可以归结为如下几点：（1）社会信息会通过不同的渠道流通，信息的流通需要人或组织的"把关"和筛选；（2）不同的媒介具有不同的"把关"规则或规定，"把关人"根据这些规则决定是否让信息进入流通；（3）人是做出决定的关键性因素，"把关人"的个人意见往往起到重要的作用；（4）不可忽视的是"把关人"心理因素的影响，特别是理解其目的和动机是对信息做出取舍的关键。

2. "沉默的螺旋"理论

"沉默的螺旋"理论认为：在现代社会中，大众传播影响了公众对意见气候的感知，进而影响了人们在公开场合的意见表达。

沉默的螺旋是一个大众传播理论，描述了这样的一个现象：人们会倾向于就大多数人都赞同的观点表达自己的意见，而当一个观点无人理会时，即使自己是赞同的也会因为害怕被孤立而保持沉默。

总会有某些观点占上风，于是人们保持沉默，而不愿意发表自己的看法，如果人们觉得自己的观点会得到大家的认可，这一方的观点就会呈螺旋上升的趋势吸引越来越多的人的支持，而另一方的支持者会因为没有支持者越发保持着沉

---

① 邵培仁.传播学导论［M］.杭州：浙江大学出版社，1997：152.

默。这样一个特别奇怪的循环建立起来之后，一方声音越来越强大，另一方声音被压制，最终愈发强大的一方意见被确立为主要的意见。大众媒介的参与，会加快一方"意见领袖"的形成，"螺旋"上升得也就越快。

3. 议程设置理论

20 世纪 70 年代，麦克斯维尔·麦库姆斯（Maxwell McCombs）与唐纳德·肖（Donald Shaw）在研究"把关人"决策的效果时，从另一个角度出发，发现如果一类事件和题材被大众媒介反复报道，就会在社会中形成意见，引起人们的重视。因此，产生了"议题设置理论"：受众对现象和问题的重视程度，受到大众传媒报道的频率和重视程度的影响。

议程设置的基本思想来自美国新闻工作者和社会评论家李普曼。1922 年，李普曼在其经典著作《舆论学》（Public Opinion）中探讨了外在的世界与我们头脑中的图像的关系，认为大众媒介创造了我们头脑中关于世界的图像。李普曼还指出，新闻媒介的报道呈现是我们对世界的认识的基础，但是新闻界提供的图像常常是不完整的和扭曲的。现代社会人们生活在媒介的包围中，也生活在媒介创造的拟态环境中。李普曼在真实的环境和媒介制造的拟态环境之间划分了清晰的界限。

媒介"议程设置理论"可以通过提供信息和安排某些相关议题，使意见不同的团体能够关注事实和意见，通过讨论达成一致。从这个意义上讲，"议程设置理论"起到了更好的建构社会共识的作用。

4. 框架理论

框架是人们或组织对事件的主观了解和思考。对于大众传媒来说，框架就是一种受众和信息、社会事件、新闻工作人员等因素的一种互动和建构活动。

框架的理论研究有不同的角度，在这里我们主要从心理学和大众传播的角度进行研究。人类学家贝特森（Bateson）最早提出了框架的概念，他的理论认为框架首先是一种有意义的心理活动，是对外界信息的一种分析和架构。在特定的心理情景下，人们通过经验，由特定的符号建立起应对事物的基础框架，以此来处理和应对各种各样的社会事件。20 世纪 80 年代，坦卡德（Tankard）等人开始在新闻传播领域引入框架理论，他认为框架是新闻的中心思想。这一时期，诞生了著名的"媒介框架"和"新闻框架"的概念，成为定性研究重要的学术概念。这一时期，还有一些人物对新闻框架进行定义和研究。例如，伍（Woo）等提出了新闻框架的形成要素，认为新闻框架是新闻工作人员、消息来源、受众以及社会情景之间的互动。恩特曼则认为，框架就是将有需要的新闻挑选出来，使它们起到特别的选择和凸显作用，在报道的时候要作为重点传播，还要做出意义解释、道德评估等特别的处理，以凸显其影响力。

真实的东西就是其对情景的定义。这种定义可分为条和框架。条是指活动的顺序，框架是指用来界定条的组织类型。他同时认为框架是人们将社会真实转换为主观思想的重要凭据，也就是人们或组织对事件的主观解释与思考结构。关于框架如何而来戈夫曼认为一方面是源自过去的经验，另一方面经常受到社会文化意识的影响。

5. 两级传播理论

1940 年，美国社会学家拉扎斯菲尔德（P. F. Lazarsfeld）提出两级传播论。这个理论认为，在大众传播中，意见领袖是信息传播的中间站。信息会先传到意见领袖那里，再经过意见领袖传达给一般的受众群体。形成"媒介—意见领袖—受众"这样的两级传播模式。

"意见领袖"是指人群中比较活跃的群体，往往具有较高威望，其意见容易被大家所接受，并且容易影响他人的观点和态度。他们对大众媒介的接触频度和接触量都远超于一般人，会更早更多地知道媒介的内容。群众会将他们看作信息渠道，意见领袖也会将信息进行头脑加工并传达给受众，最终影响其决策。

（三）受者理论

受者亦称"受传者""受众"，指传播过程中讯息的接收者，是读者、听众和观众的统称。大众传播学中，受众指的是广播、电视、报刊等所有传播渠道接受者群体的一个总称。"受众"是信息传播的目的地，是信息传播链条的一个重要的环节。受众既是新闻媒介的"消费者"，又是对新闻媒介、新闻信息和新闻传播者本身的检验。受众是新闻传播系统中的一个复杂的子系统，是信息的受传者，又是反馈信息的发布者。总之，受众不仅在传播活动中起着主导作用，还是检验新闻传播是否合格的"批判者"，是不可忽视的反馈信源。

早期的传播研究者鉴于受者的众多、广泛、分散、不固定等特点，认为他们对传播媒介的传播内容是被动的、消极的，传播什么，就会接受什么，从而影响自己的思想、行为和态度，这就是早期的关于受众的"靶子论"。后经一些学者的研究和实验，认为这种理论并不完全符合实际，受众对传播内容并不完全是被动、消极的，他们往往要进行独立思考，作出选择、判断和反应，从而提出了一系列新的受众理论和观点。

1. 个性差异论

个性差异论由心理学家霍夫兰于 1946 年最先提出，他认为大众传播对人的影响是不同的，这与个体心理因素和所处社会环境的不同有关。二十多年后，传播学家德弗勒对这个理论进行了一些修正和补充。他将受众看成千差万别的个体，认为受众有着性格、心理结构、后天认知以及兴趣爱好等的不同。所以，大众传播的对象并不是一成不变的，他们之间的差异，导致他们面对传播媒介所传播的信息也会作出不同的反应。

德弗勒将这种个性差异分为五种：第一，人们先天的禀赋和心理结构是具有很大差异性的。第二，人在成长过程中，受到后天成长环境因素的影响，各自性格特点也是千差万别的。第三，人处于不同的生长和教育环境，他们从小习得的价值观、信仰和思维习惯是不同的，从而形成了每个人独特的认知心理结构。第四，因为后天习得导致不同的认知和思维方式，他们在接受社会信息刺激时，会带有一定的个体倾向性，对社会认知形成不一样的观点、主张和立场。第五，心理和认知的不同，使每个人通过学习最终形成的素质也是不同的。这种不同，决定了他们对媒介内容的接受度和理解是不一样的，做出的反应也是不一样的。基于以上原因，受众的个性差异存在并导致了受众对信息接收行为的个体区别。

个体差异论的提出，能够促使研究者从研究个人心理因素入手，分析受众的个体化差异对媒介信息传播效果的影响，通过了解受众构成、受众兴趣等，从而提出了选择性注意、选择性理解这一值得重视的观点。

（1）选择性注意

注意是心理活动对一定对象的指向和集中。注意是受众接收新闻的心理活动的开端，新闻信息只有先被受众注意，才能被接受，从而引起受众态度和行为的变化。注意集中的过程是一个舍弃、选择的过程。在面对纷繁复杂的信息时，受众只有选择某些信息而舍弃其他的信息，所以称为选择性注意。受众的选择性注意一般是依据以下原则进行的：第一，受众原有的知识储备。第二，受众的兴趣和需求。第三，受众固有的观点和成见。第四，受众的接近心理。由于受众具有选择性注意的心理倾向，大众传媒可以通过更新传播内容和强化传播形式的方法，吸引受众注意，强化传播效果。

（2）选择性理解

信息传播是一个"编码"和"解码"的过程，也就是传者将一定的信息编制成符号传播，受众接收到符号后进行反馈的过程。影响受众对信息的理解活动的因素主要有：第一，特定的文化背景。因为个人的观念、态度、习惯等，往往由他所处的特定文化环境所决定。第二，个人动机。动机是引起个人采取某种行为，并维持这一行为的内在原因。动机直接影响受众对信息的选择。第三，个人心理预期。受众接受信息，往往倾向于朝自己所预期的方向去理解。第四，个体当下的情绪。情绪是指个体受到某种刺激所产生的一种特殊的身心状态，对同一条信息，由于个体情绪状态不同，所形成的理解也可能截然不同。

2. 社会类型论

社会类型论，又称为社会范畴论。社会类型论可以说是对个性差异论的补充和扩展。个人差异论从心理因素出发，强调个体心态和性格对大众传媒的接受和影响。社会类型论，则是从群体的角度出发，以社会学为基础，研究群体对传媒的接受和影响。

这种理论最先是由美国学者赖利夫妇在《大众传播与社会系统》中提出的，该理论从社会学角度出发强调人的社会群体性上的差异，揭示了基本群体在传播过程中所扮演的角色。

社会类型论认为人们的个性尽管不同，但作为一个社会中的公众，某些人总会有某些方面的共同点，由这些相同的方面可以形成各种不同的社会群体；同属于某一社会群体的人们在社会观、价值观上会较为接近，对媒介传递的信息也会作出大体相同的反应，而隶属于不同社会群体的人们则会有不同的接受倾向。

3. 社会联系论（社会关系论）

这种理论是由拉扎斯菲尔德、贝雷尔森、卡茨等人提出的。他们认为人与人之间有着各种社会联系，每个人都有自己的生活圈，会受到自己生活圈内的人们的约束或影响；媒介传播的信息，总要在这种生活圈面前受到抵制或过滤。一般来说，受传者个人往往采取与生活圈内的人们一致的态度。拉扎斯菲尔德基于这种理论提出了两级传播理论，根据这个理论的研究，认为"意见领袖"对信息的传播优先于大众传媒。

4. 社会参与论

社会参与论又称参与权，这种理论主张媒介不再仅是传播主体，受众也有权参与大众传播活动。1967年，美国学者巴伦发表了《对报纸的参与权》，第一次提出了维护受众的表现自由和保障他们能够参与媒介传播的权利，并督促美国政府用宪法保障这份权利的实施。20世纪70年代以来该理论曾引起传播学界的广泛讨论和普遍重视，现在已经被许多国家接受并运用到实践中。

社会参与权主要提出了以下五个观点：第一，全体社会成员都可以通过媒介发表自己的观点和意见；第二，社会成员和团体一方面能够接受信息，另一方面也参与信息的传播；第三，社会成员接受信息之后，他们也会形成自己的认知，有对信息进行反馈的欲望和权利；第四，保证社会成员的参与权，并接纳他们对事件的意见和看法，这比单纯灌输观念更容易被社会成员接受和记忆；第五，参与媒介传播，是社会成员表达权、反论权的具体体现。

5. 文化规范论

文化规范论由美国传播学者德弗勒提出。他指出，大众传播媒介会通过有选择地提供信息，在社会中形成一种解释社会现象和事实的"参考架构"，通过反复突出报道，慢慢在社会中形成一种道德文化供人们参考，使他们不自觉地遵守传媒宣传的社会行为规范、信仰和价值。媒介这种影响是日积月累、缓慢地渗透进受众思想的。

第二节 新闻传播理论的历史与逻辑

一、 新闻概念的历史演进与逻辑

马克思指出："最初人类表现为种属群、部落体、群居动物。"① 父较早出现的原始群称为"游群"，通常包括男女 20~45 人。从人类的社会关系来探讨新闻的起源，可以看出，人类是群居动物，因此人与人之间必然会产生各种联系、发生各种关系，而这些关系的建立和维护是要以一定的信息为基础的。没有群居就没有社会，也就无法进行人类繁衍并进一步构成人类社会。所以，早期的西方新闻学者也从人类的群居性看到了新闻产生的另一个重要根源，那就是由于群居而必须交流的欲望。对这种强调交流的群居来说，依据的不仅是人的自然性，还有人的社会性的一面。

语言为原始的信息传播提供了思想媒介，这是人类最早的意媒，它构成信息传播的符号。在原始社会，知晓欲和呼告欲是人类生存意识的体现，可归结为传播媒介产生的心理因素。呼告欲反映了人类报告信息的强烈欲望。知晓欲是听取信息的强烈欲望，给报告信息者带来快慰。知晓欲和呼告欲作为传播信息的心理互映，表现出人类种群延续的互动关系和自卫能力。这可以算是本能说，认为新闻的产生源自人类本能的需要。若用马斯洛的需要层次理论来解释，主要是指最初的两个层次，即"生理"和"安全"。

还有另一种看法可以纳入好奇说，他们认为新闻是由于人类对外界以及自身的好奇而产生的。持好奇说的新闻学者认为，人类对外部世界的好奇心是产生新闻行为的根本原因。"好奇说"是西方比较流行的一种新闻思潮，直至 20 世纪 40 年代，西方理论家还认为，好奇的本能是新闻媒介产生的首要原因。这一说法的代表人物主要是美国新闻教育家约斯特。他在《新闻学原理》一书中，对于新闻起源的问题提出如下的观点：人一生下来就有一个能够进行传播的"说话

---

① 马克思恩格斯全集第 46 卷（上）[M]. 北京：人民出版社，1979：497.

器官"和"听觉器官"。

还有人认为，新闻传播的产生源于人类自身具有的"新闻欲"，即本能。今天几乎所有关于新闻起源的猜测都指向了信息，除了媒体，或者说媒介机构。换句话说，新闻起源问题其实也就是新闻机构的产生问题。

"新闻"一词的出现，最早可以追溯到我国唐宋时代。唐代，新闻特指的是还未经广泛传播的、新鲜的听闻和见闻。到了我国宋代，出现了类似于今天报纸的"邸报"和民间流行的"小报"。小报专门刊载一些新鲜趣事，兼有报道官吏任免和议论时政的功能。"新闻"一词在我国古代，专门指报纸，在今天的日本这样的释意依然在沿用。但在我国，"新闻"一词主要解释为口头传播的新鲜见闻，或者大众媒介中的新闻报道。

一些经过大众口头传播的"新闻"，因为没有经过认真的考察，人们靠耳口相传，其真实性是值得商榷的。特别是经过一定时间的传播，即便是真实的新闻，也会在传播过程中出现失真的情况。因此，口头新闻并没有新闻价值，也不是真正的新闻。

关于新闻的定义，不同时期的人有不同的看法。1919 年，徐宝璜在其著作《新闻学》中提到"新闻者，乃多数阅者所注意之最近事实也。"1943 年，时任中共中央机关报《解放日报》总编辑的陆定一提出："新闻的定义，就是新近发生的事实的报道。"后来范长江也对新闻下了一个定义："新闻就是广大群众欲知、应知而未知的重要事实。"

到了今天，人们将传播学的概念引入新闻的定义。王中教授提出新闻是"新近变动的事实的传布"；宁树藩教授认为"新闻就是经报道或传播的新近事实信息"。另外一些学者又对定义进行了补充，提出新闻还应该包括新近发现、正在发生、将要发生的事实。

对于新闻的定义，人们习惯使用陆定一提出的"新闻就是对新近发生的事实的报道"这一概念。这一定义在今天来看，具有一定的局限性，它是一种操作性定义而非学术性定义。如今从操作性上看来，电视媒体和网络媒体的发展，给新闻报道带来了新的模式，也出现了新概念，如现场直播、网络互动等。甚至，大数据时代的到来，人们还可以借助以往的数据进行统计，出现了对即将发生的事件进行预测的新闻报道。随着互联网的发展，受众对新闻的参与度也在提高。例如，通过朋友圈转发、社交平台发表意见和评论，参与到大众媒体传播中来。

二、 人类传播活动的历史演进与逻辑

一部人类的历史，也是人类不断改进传播技术、不断突破时空限制的历史，同时也是日新月异的媒介技术渐次由少数人垄断转为大众化、普及化的传播史。人类传播活动的发展历程是艰难而漫长的，从人类最初只能发出一些简单的声音，只能借助姿势和手势来传情表意，到语言文字的发明、印刷媒介的出现，再到电子媒介的产生，直到今天因特网的普及和应用，人类在不断地发展提高着自己的传播技术。如果从传播媒介的普及和传播规模的不断扩大这一角度来看，可以把人类的传播活动的演变分为以下几个阶段。

（一）史前的蛮荒的原始阶段

根据古人类学家一个多世纪苦心积累的化石记录，可以发现当代人的进化过程可回溯到大约 7000 万年以前，经过了无数的冬去春来的岁月轮回，大约在 1400 万到 500 万年前，一种类似猿猴的动物居住在我们现在所称的非洲和欧洲，它们也许是类似人类的第一个成员，紧接着生活在 550 万到 100 万年前的非洲南方古猿被公认为可归为人科的第一种灵长类动物。与非洲南方古猿大致同时出现的还有一系列两足类人猿生物，它们直立行走，居住在欧洲、非洲和近东各处，长达 100 多万年。在经历了漫漫岁月的长期进化后，大约在 200 多万年前，我们的早期祖先之一猿人终于出现。然而在如此漫长的光阴荏苒中，人类的早期祖先在传播方面一直处于极度落后的状态，据推断，最早期的人科动物，大概是用和现在的复杂生物相类似的方式进行传播，即通过发声和身体动作形成彼此理解的符号和信号。从现在能掌握的粗略证据来看，其传播手段很有可能只是通过一些他们在生理上能发出的有限声音进行的，如嗥叫、咕哝、尖叫，加上身体语言，大致包括手和手臂信号、大幅度动作和姿态。

直到大约 35 000 年前，人类的语言才开始得到使用（至今仍然有一些社会不通文字，保持口语传统），口头语言虽然已经大大地提高了人类的传播水平，但

其局限性也是很明显的，在时间上稍纵即逝，与空气的波动一起瞬间随风而逝，无迹可寻。上古之人曾用结绳来记事，其手段与今日相比何其简陋；在空间上只能传至咫尺之内，行之不远，影响甚小，对于稍远的地方则只能望洋兴叹，无可奈何。人类也试图做出一些远途传播的尝试，非洲人曾用鼓声来传递信息，其他地区曾用烟火、烽火作为信号来传递信息。限于有效传播媒介的缺失，在如此漫长的岁月中人类在文明成果方面上几无建树，曾有无数的人类祖先们行走在这个星球上，洒下了辛劳的汗水，然而却未能留下些许清晰的踪迹和身影可供后人瞻仰（除了现今能够发掘到少许远古遗迹），对于后人而言他们只能如鸟儿于天空飞过，不曾留下什么痕迹，空空如也。所以，对于这一时期的人类传播活动，也许只能用"蛮荒""原始"来形容，这是人类传播史上的蒙昧和萌芽时期。

（二）传播媒介的垄断、专有的政治工具阶段

日月穿梭，斗转星移，当历史的滚滚车轮前行到大约 5000 年前时，人类过渡到文字时代，在埃及、伊拉克的两河流域、中国等地文字相继出现，从此拉开了人类文明史的序幕。与文字的发明相伴随的是记录文字的介质和载体的创造与发明，比如泥盘、石头、羊皮和莎草纸等。在中国，汉字的载体则有石壁、石器、陶器、青铜器、甲骨、竹简和木简，直到公元 105 年东汉时代的蔡伦改进了造纸术，使纸张可以规模化生产与流通。

文字的出现使人类的传播活动在时间和空间上实现了一定的突破，它提供了记载知识并使之世代相传的手段，并可使信息记录于一定的轻便介质上传播到遥远的地方去，从而使政治活动的疆域也随之大大扩展，使中央政府能够把大量的人口组织起来，封建集权因而成为可能。

但是，这一阶段，文字等传播媒介是被某一阶层高度垄断和专有的，"民可使由之，不可使知之"，文字只被精英和贵族阶层掌控。在欧洲漫长的中世纪时期，1000 多年间，文字是僧侣的特权。掌握文字的世俗人士少而又少，教权对出版的垄断一直持续到 13 世纪。天主教曾禁止用人们看得懂的文字出版圣经，用拉丁文抄写的圣经不仅文字古奥，而且数量极为有限，普通民众无法接近和使用，只有少数教会的神职人员才可以阅读和解释。英国教会甚至禁止下层人阅读

圣经，对上帝旨意的解释权紧紧掌握在教职人员手中。在中国，则是同工异曲的另一番情形，中国的封建王朝是通过控制掌握文字的读书人而实现对传播的控制，特别是通过科举制度，朝廷使读书人效忠于皇帝，从而使中国集权制度漫长而稳固，直到鸦片战争的枪炮将国人唤醒。期间由少数民族统治的元朝则因为废除科举制、不重视对文化的控制不足百年即告终，而同为少数民族建立的清王朝却因重视对汉文化的吸收和控制、重视科举制而得以统治中国近300年之久。

此一时期，虽然也出现了一些类似于报纸（但绝不同于现代的报纸）的手抄的"官报"，如中国在汉唐时期出现的邸报、古罗马时期出现的《罗马每日纪事报》，但此类官报都由官方控制，是作为一种政治工具而存在和运行的。传媒的垄断，使信息传播只限于特定的渠道，危害官方的思想被隔绝，从而有利于集权的控制和专制的持续。同时，也限制了文化的发展，放慢了人类社会前进的步伐。这一时期可以说是人类传播史上的漫漫长夜。

（三）传播活动的职业化、现代化、产业化阶段

早在公元868年唐朝的王琦即用雕版技术印刷了《金刚般若波罗蜜经》；大约在公元1045年，毕昇发明了泥活字印刷术；公元1456年左右，出身于贵族家庭却终生穷困潦倒的德国人约翰·古腾堡使用金属活字印刷术印刷出了200本左右的圣经，十多年后即在困顿中逝去的古腾堡无意间成了为人间盗取知识圣火的普罗米修斯。从此，人类的传播活动开始逐渐实现了现代化、产业化。

所谓现代化是指传播媒介的普及和信息的自由传播以及大众媒介的现代化运作机制的建立。长期被封锁的各种思想和知识得以出世，影响深远的马丁·路德的宗教改革运动亦借此得以开展。美国传播学家阿特休尔认为：印刷术的发明促进了历史的发展，实现从中世纪到近代的跨越。印刷术使信息的传播范围更广，随着越来越多的大众能够获得阅读的权利，思想的传播加速，同时推动科技和哲学的变革。社会的进步又加速瓦解了贵族和教会的统治，形成了全新的社会模式和宗教制度。

1833年，在美国工业化和城市化进程中诞生的《纽约太阳报》成为第一份成功的大众化报纸，它与其他同时期的便士报一起为后世的报纸奠定了现代化的

运行机制。在印刷媒介之后诞生的电影、广播、电视等电子媒介一起构成了蔚为壮观的现代化传播媒介。与现代化相伴随的是传播活动的产业化，传播媒介本身越来越成为一种可以赢利的重要产业，而不仅仅满足于在政治、文化、社会上产生重要影响和促进经济的发展，随后出现的大规模的媒介集团化现象更是将产业化的进程推向了一个新高度。

16 世纪，在商船云集、贸易繁荣的意大利威尼斯，基于商业的需要，产生了手抄小报，从而也出现了专门采集消息和贩卖小报的人，成为后来职业记者的萌芽，从而也标志着大众传播活动职业化的开端。自此以后，大众传播活动成为一种重要的职业，而传播活动的职业化也大大提升了人类传播的质量和水平。

职业化、现代化、产业化使人类传播活动进入了一个阳光灿烂的辉煌时期，大众传播时代也是人类历史上迄今为止影响最为巨大的最重要的传播时代。

（四）传播活动的全球化、网络化阶段

虽已拥有报纸、广播、电视等足以傲视前人的巨大成就，但历史的车轮仍在不断滚滚前行，并无停息，人类的上下探索，追求传播革新与改进的步伐也在持续。1957 年 10 月 4 日，苏联发射的世界第一颗人造卫星"斯帕特尼克 1 号"进入太空，世界因此而改变，人类文明史掀开了新的一页，人类的传播活动也在对空间限制的突破方面达到了一个新的高度，它标志着传播全球化时代的来临。

1969 年 9 月 2 日，在洛杉矶加州大学克莱因教授的实验室内，两台电脑被成功地连接在一起可以相互通信，宣告了网络时代的开始。随着 1993 年美国政府提出并实施"信息高速公路"计划（全称为 National Information Infrastructure，简称 NII），1994 年因特网的全面商业化普及化，到 1995 年全球因特网用户突破 3000 万人，大众传播时代开始成为旧时代，地球村的梦想渐成现实。

全球化与网络化使人类社会的传播活动在时间和空间方面的限制越来越接近于零，地球变小，全球如同一个村落，"天涯若比邻"成为现实。通过卫星电视直播，任何地方发生的事件都可为全球观众同步观看，因特网使信息可以瞬间传遍寰宇，计算机储存技术的发展使因特网可以实现信息的海量存储，拥有无限的出版空间，并可实现信息资料的长久保存。

这是人类传播史上又一场重大的激动人心的传播革命，传播的全球化和网络化产生的影响同样是深远而广泛的，它不仅使信息传播能力空前发达，使人类进入信息社会，使知识经济主导社会生产，更重要的是它引起的传播形态的变化，传播权利的空前普及，这必将引起社会的震动和政治民主的巨大变革，这一过程正在进行中。

三、 新闻传播媒介的历史演进与逻辑

传播媒介的发展使人类社会信息的传播能力得到了提升。新闻传播受传播媒介的限制，传播媒介决定着信息的传播方式、传播速度等。传播媒介受社会生产力水平的制约，它随着社会生产力所能提供的日益丰富的物质手段不断更新，随着传播规模的扩大而不断发展。从原始的结绳记事到现代的卫星通信，随着生产力水平不断提高，人类的传播媒介经历了一个从简单到复杂、从落后到先进的漫长的发展过程。

（一）口语媒介阶段

人类历史上的第一次传播革命是口语传播时代。从人类最初的野蛮状态到文字出现之前，即从人类开口说话到用手写字，这个阶段是口语媒介阶段。应该说，传播媒介的发展是与人类文明的发展同步的。人类对传播媒介的利用早已有之，远古人类使用非语言符号传递信息，比如呼喊、动作、表情等互相沟通。语言的产生，使人类完成了从猿到人的转变。语言的运用，拓展了人类传播的内容和传播范围，大大加快了人类脱离野蛮、走向文明的进程。

语言没有"化石"，所以何时开始有语言，无证可考。据猜测和推理，人类远祖大约在10万年前的某个时候开始"说话"。语言传播的出现，使人类摆脱了原始状态。口语传播不需要辅助手段，使用简单。但是口语传播具有一定局限性。口语只能实现近距离传播，且转瞬即逝，不能保存。

值得注意的是，口语传播时代也有其他体外化媒介，如结绳、图形、烟火、擂鼓等。

（二）文字媒介阶段

第二次媒介革命是文字的产生，文字的产生是人类继语言之后的第二座里程碑，它使人类进入了更高的文明阶段。

在第二次传播革命中，人类发明了文字，进入了书写传播时代。文字源于图画，所谓"书画同源"，文字是从古老的图画或洞穴壁画经过长期演变而来的。

大约公元前四千年左右，在古埃及诞生了最古老的象形文字。中国商朝出现了甲骨文。它们一画一"字"，一"字"一意，几画合在一起则构成一个故事或事件。文字诞生之后，人类通过文字记录历史，使生产和生活经验都得以保存下来，促进了人类文化的传播。

商周时期，中国人在新石器时代"陶文"基础上创造了"象形文字"，而刻写在龟甲兽骨之上的则叫"甲骨文"，这些字基本上仍是图画和表现性的，有的就是简单的图画（如日、月、山、川等字），经过进一步发展才形成后来的文字形态。

文字媒介的出现在人类传播史上具有重大意义。首先，它克服了音声语言转瞬即逝的缺陷，文字可保存，从而使知识得以积累。其次，它打破了音声语言距离的限制，可以把信息传递到更远的地方。最后，文字产生后，文化的传承不再依赖神话传说，而有了确切可靠的资料。

文字作为人类第一套体外化符号系统，不仅使信息传播突破了时间和空间限制，并且通过传播，提升了社会群体的整体智力发展水平。正因如此，文字做到了改变社会结构，影响了知识的社会定义：只有会识字和书写的人才能够拥有知识。跟与生俱来的说话技能相比，文字的习得是一个长期的过程。也正因为如此，阅读和听写能力在古代社会中，是极少数人才能掌握的技艺。靠着这项技艺，能够获得对知识的垄断，成为统治阶级。

（三）印刷媒介阶段

第三次传播革命的标志是造纸术和印刷术的发明，标志着人类进入印刷传播时代。这个时代的特点是文字信息大量生产、复制。

印刷术还没有出现之前，人类文字的传播主要依靠手工抄写。知识传播效率低、规模小、成本高。直到中国印刷术的发明，对世界文明的发展作出了杰出贡献。

印刷术起源于殷商时期的印章和公元 200 年的中国拓印术，隋末唐初中国人发明了雕版印刷术，北宋庆历年间毕昇发明了泥活字印刷术，后来又出现木活字印刷。再后来，德国铁匠古登堡在中国印刷术基础上发明了金属活字印刷术。此后，随着造纸术和印刷术的普及，报纸、杂志、书籍等印刷媒介得以迅速发展，成为人类主要的传播工具。

印刷术的发明较之语言媒介和文字媒介有了巨大的进步，它能够实现迅速、大规模批量的信息生产和复制。文字信息生产规模小，加上民众受教育程度低，学习和使用文字是统治阶级的特权，这种情况直到印刷传播时代的到来才有所改观，后来大众化报纸（廉价报纸）的产生使社会上的普通民众也能够接收信息。

虽然，印刷术的发明扩大了信息传播的范围，打破了统治阶级对信息的垄断，第一次实现了信息向社会中下层流通。印刷改变了媒介笨重、符号复杂、复制困难、传播垄断的问题，提高了传播规模和效益，降低了传播成本。即便如此，印刷术对信息的解放意义仍十分有限。这是因为，它虽然扩大了传播范围，但由于相当一部分社会群体没能掌握基本的读写能力，使信息传播困难重重。甚至，传播的载体本身就被当作知识进行学习。再加上信息内容的复杂性，造就了阅读群体出现明显的分层，客观上形成了新的传播垄断。文字和印刷媒介虽然发展了人类文明，但同时它使人类的交流从口语时代的双向变成单向传播，这种代价最终需要得到补偿或某种形式的回归。

（四）电子媒介阶段

第四次传播革命的标志是 20 世纪初电影、广播、电视等电子媒介的发明和普及。

1876 年，美国人贝尔发明电话。

1895 年，卢米埃尔兄弟发明电影摄影机，宣告电影时代的开幕。1906 年，弗里斯发明三极管，使无线广播成为可能。

1920 年，世界上第一家电台 KDKA 在美国正式开播，宣告广播时代的到来。

1936 年，英国建立世界上第一家电视台 BBC，正式播出电视节目。电子媒介的出现，使信息传播进一步突破了空间和时间的限制，使远距离的快速传播成为可能。不仅如此，电子媒介不再依赖于书、刊、报等纸质介质，也摆脱了运输环节，仅依靠电波形式就能便捷、快速、高效地传播到世界各地。20 世纪 70 年代，有线电视得以发展；80 年代电视直播卫星进入实用阶段，跨国卫星电视进入家庭。这些都极大地改变了人们的生活以及人们的信息接收习惯，真正实现了全球传播，信息无处不在、无时不有。

（五）网络媒介阶段

第五次传播革命革命的标志是以互联网为代表的计算机技术的应用。

如果说电子媒介仅是单方面的信息传播。那么互联网的出现，除了声图文为一体的特点外，最大的特色就是具有其他媒体所不具备的互动性。改变了传播者和受传者之间的关系，传播从过去的单向传播转向高度互动的传播，传受双方间的距离感消失了，受众主动性大大提高。同时，网络传播速度更快、范围更广，网络带来了信息绝对量的增加。

传播媒介的发展和变革，无形中影响着人们的生活，改变着社会结构。媒介给人类社会带来的影响，可以归纳为以下几方面。

第一，模糊了受众身份和阶层的界限。因为文字的习得不易，使传统的文字传播，带有很强的阶层分化特点。电子媒介的出现，第一次使受众不再受知识和身份地位的限制。电报的出现，使信息传播第一次和物质载体相分离。电视的出现，则将不同知识阶层的人群集中到一起，利用图文的形式，模糊了受众的社会角色。网络传播，将身份隐藏在信息背后，使社会角色更加模糊。

第二，电子媒介实现了更广泛的信息共享。电子媒介作为一种共享平台，是各种信息交汇的公共领地。任何人都可以从其中主动或者被动获取信息，这是传统文字传播根本无法企及的。特别是电视的出现，它将内容传播给了所有人，受众范围极其广泛。

第三，电子媒介将私密信息变成了可以公开讨论的话题。电子媒介突破了原来印刷媒介狭小的空间限制，通过画面和声音，将社会群体私密场景推向了前台。正是因为电子媒介综合了信息的传播方式，以往仅限于私下传播的，关于人类本身私密性的情感、婚姻、疾病、死亡、家庭暴力等话题，越来越多地被拿出来公开讨论。特别是网络媒体的互动性支持下，公开场合与私人场合的界限变得模糊，人们给予私密信息传播更多的关注和宽容。

第四，电子媒介将时空限制变得不再是问题，人们获得信息的渠道更加多样和便捷。例如，儿童获取信息的途径不再只是年长者，通过电子媒介能够获取不同的环境信息；以往性别会导致信息获取的差异性，电子媒介的出现让这种差异显著变小；电子媒介的出现，打破了学科的界限，使不同学科间的融合和对话成为可能。

总的来看，人类传播革命的步伐一直呈加速度状态发展。传播符号、传播媒介和传播科技始终呈叠加性状态发展。例如广播、电视出现后，广播新闻取代了报纸的"号外"版，成为突发性新闻的第一来源；而电视取代了报纸成为主要的信息来源。但这些挑战并没有让报纸媒介消失，反而报纸进一步发挥了自己在深度报道方面的优势，满足了报纸读者对新闻深度性、全面性的需求；电视出现后，人们预言广播媒介必将消失，然而，广播发展到今天的事实证明，广播完全可以发挥自身听觉传播的优势，在交通台、音乐台等方面立足。而面对今天互联网的冲击，传统媒体更是不断寻找和发挥自身优势，争取在激烈的竞争中占据一席之地。

同时，这种叠加性状态又导致了整合状态。如电话是对语言传播和电讯传播功能的整合，广播是对电话和唱机功能的整合，电视是对广播和电影功能的整合，而电脑的发展也许要整合一切功能和媒介。

传播媒介是不断发展变化的，媒介之间的关系不是互相排斥，而是相互协调的，每种媒介都有自身的优势和特点。信息技术的发展进一步改变着世界的形貌和人们的生活，新旧媒介的交锋和融合，也将进一步改变人类传播的格局。

四、 受众的历史演进与逻辑

（一）新闻传播理论中的受众逻辑

作为信息传播过程中的接收者或接受者，受众是不可忽视的一方，随着传播媒介的发展，受众的能力和权力在不断提高，在信息传播中受众的地位越来越重要，传播学对受众的研究也逐渐开始重视起来，越来越把受众当作研究的重心。而随着传媒的普及与社会文化的变化，受众也在不断变化，越来越呈现出多元化、丰富多变、个体化、分散化的状态。

作为传播学的基础概念之一，汉语中的"受众"一词来自英文"Audience"的翻译，而受众（Audience）是包括读者（Readers）、听众（Listeners）和观众（Viewers）在内的所有信息接受者（Receiver）的统称。可以说受众（Audience）是接受者（Receiver）的群集。受众是一个看似简单、实却极为抽象和复杂、集多种意义于一身的概念，它的时间跨度很大，可以指早期的印刷物的读者，也可以用来指称21世纪的网络和卫星电视用户；它的空间甚广，涵盖全球各类信息传播，包括人际传播和大众传播在内的接收或接受人。

受众既是社会发展的产物，也是媒介发展的产物。社会的不断发展会产生出日益多样、动态变化的内容需求，而这种社会需求刺激出相应的内容供应（传播），或者说大众媒介应社会的需求而有选择地供应特定的内容。在这种意义上我们可以说大众传媒的内容是对社会群体普遍需求的一种回应。同时，新媒介的诞生也往往会创造出新受众。

（二）古代的观众

最早的受众起源于古希腊、古罗马时代聚集于竞技场或剧院中观看体育比赛、公共戏剧与音乐表演的观众，这些早期的"世俗性公共事件的观看者"已经具备了后来的受众所具有的"城镇化、世俗性和个人化"的特点，"常常依托于一定的商业基础"，为他们提供传播内容的是一批"专业化的作者、表演者"，虽然这些受众的规模可能不大，但"在受众内部、受众与表演者之间，有可能形成积极的互动"。这些古代的观众可以说是现代受众的原始雏形。

（三）近代的阅读公众

15世纪中叶德国人古登堡对印刷术的改进将人类带入了印刷传播时代，揭开了大众传播时代的序幕，大批量的印刷书籍，随后是各种丰富多样的杂志期刊、报纸的出现，带来了大批量的读者，由此催生了最早的大众传播的受众——

阅读公众（reading public）。他们是哈贝马斯著述中理想的公共领域的主体；是麦克卢汉眼中脱离了部落时代被单一地延伸了视觉而失去感觉平衡的被肢解的不完整的人；在麦奎尔看来是一个拥有一定社会地位和阅读技能，相对自主，对内容有着多种不同偏好，规模在不断扩大的多元、分散的群体。

（四）电影观众：真正的大众受众

电影的发明和影院诞生，开启了电子媒介的新时代，受众人群在相同的时间和地点，接受同一视觉和听觉信息。它第一次实现了真正意义上的"大众受众"（mass audience）。数以百万计的普通民众一起分享相同的、经媒介传播的情感和体验，批量生产的同一信息内容被传送给大批量的受众，这是大众传播的大数原则的典型体现，受众很难与传播者实现互动。

（五）电视时期的现代受众

到了 20 世纪，广播电视的发明，将受众历史带入了一个新阶段，技术的发展创造出了新型的受众，那就是受众身份第一次与技术手段的拥有联系在一起，受众可以被定义为那些拥有电子媒介设备的人们所组成的群体，如拥有收音机、电视机的人群。在电视这样的现代高科技影响下受众的"大众化"特质被放大到了极致，电视的光芒很快便盖过了广播和电影，大众化书籍和报章也黯然失色。电视着重关注受众的一些大众化特征，其影响的同时性要强得多，影响的受众人数也多得多。当然，与印刷媒介相比，电视的同质性更大，内容的易腐性也更强。电视有着令人沉迷的吸引力，对社会和文化空间可以实现无处不在的入侵，作为一种娱乐消遣的工具占据了人们多数的闲暇时光。同时，与电影相比，电视的观看是一种私人活动，这使电视观众的"媒介经验日益私人化"，从某个角度可以说电视观众人数众多、匿名、容易沉迷、消极被动，并成为媒介产业为谋取最大利润、扩大市场而残酷竞争、激烈争夺的主要目标。

现代受众是在媒介逐渐形成一种产业、广告主宰大众化报纸经济命脉的商业社会的背景下诞生的，他们被大众媒介作为一种特殊的商品出售给广告主来赢利，因而现代受众通常首先表现为广告商考虑的对象，也成为实用性的社会科学的重点研究目标之一。

不过，随着电视频道的增加，媒介内容的日益丰富多元，大众传播的市场达到了饱和状态，受众的需求也越来越多样化，由此呈现了"分众"或"小众"传播的趋势。传播媒介开始改变一味地遵循大众原则的方式，依据受众的性别、年龄、收入、居住地点、文化程度及需求层次的差异，把受众细分为若干个受众群，针对不同的受众群进行不同的传播，比如广播电台、电视台的频道细分，专业报纸杂志的功能细分及为特定人群量身制作等，受众需求差别与变化日益得到重视，这也是受众地位日渐提高的标志。

（六）网络时代的互动型受众

随着 20 世纪 90 年代中期因特网（Internet）在全球的迅猛发展和普及，受众也出现了重大的变化。因特网是一种互动媒介，并且是一个可以容纳海量信息的巨大的传播空间，作为网络用户，受众的主动性越来越强，在传播过程中的权利得到扩张、地位得到很大的提升。由于因特网提供的越来越便利、完善的条件，网络用户随时随地都可以变身为传播者，在网上传播自己创造的内容，因特网的媒介使用比电视更为个人化，并且可以在某种程度上实现个性化，因此传播者与受众之间的界限日益模糊，甚至有人提出"受众"这一概念已经过时。然而，由于网络用户的文化程度、专业程度、能力、时间、精力所限，再加上一些用户更喜欢做被动的信息浏览者而鲜有主动的内容创造与传播，所以即使在网络时代，职业传播者总体上在传播方面仍更具优势、更具主动性，而网络用户从总体上仍可以用"受众"这一概念来称谓。只不过此时的受众已经在本质上不同于以往的受众，受众中积极、主动、有能力的部分随时都可以质疑、评论、验证传播者的信息，或直接转变为传播者。传播是人的传播，是为人的传播，因此受众在传播过程中地位的不断提高正是传播原本应有的方向和目标。可以预见，未来传播媒介的发展仍然会不断提高受众的地位与权力。

五、传播效果理论的演进历史与逻辑

传播效果理论是在传统的传播理论基础上，结合社会学、历史学、经济学等研究方法发展起来的，传播效果研究历来是最被重视的，因此研究取得的成就也最丰富。它甚至早于传播学体系的形成。这不难理解，因为任何一种理论只有摆脱形而上的束缚，对实践具有指导意义才具有真正的吸引力。大众传播理论大部分研究的都是效果问题，它为大众传播的诞生奠定了基础，是传播学研究的出发点，也是贯穿传播学的一条主线。

传播效果研究的历史还很短，过程却相当曲折。在 20 世纪 80 年代初期，赛弗林和坦卡特（Severn&Tankard）对传播效果研究的轨迹做了四方面的概述，分为"枪弹论""有限效果论""适度效果论"和"强大效果论"，指出这些理论呈螺旋状向前渐进，并有合理的理论内核和科学的数据做支撑。

（一）"枪弹论"

"枪弹论"盛行于 20 世纪 20 年代至 40 年代，是阐述媒介威力强大的理论。事实上，这个名称并未得到早期研究大众传播效果学者的认同，而只是对当时广泛持有的一种观点的形象描述。"枪弹论"将大众传媒的威力比作子弹的射击，而将受众比作射击场上的靶子，只能消极地被动地接受"子弹的攻击"。消极地接受大众传媒无时无刻、无孔不入的思想观念的灌输。受众对大众媒介传播的信息能够产生大致相同的反应。伴随着大众媒介的成长和传输技术的进步，20 世纪初成为宣传活动大量扩张的阶段，特别是第一次世界大战的爆发，各国都开始利用各种大众传媒开展宣传战和心理战。

两次世界大战期间，人们对传播效果的认知全部定位在宣传上。有人甚至认为只要控制了媒介，便可以保证有很好的劝服效果。

19 世纪晚期大众社会论出现，认为从传统社会向现代社会转型的过程中，普通人从与传统社会机构的关系中被隔绝和孤立出来，他们脱离了家庭、血缘、土地等传统纽带，相互依赖却又彼此陌生，他们具有规模大、分散、匿名和无根性的特点，这些人非常容易受到媒介的影响和操控。

然而，"枪弹论"忽略了影响传播效果的其他因素，一味夸大大众传播的影响。并且，这个理论还忽视了受众的能动性，受众对大众传媒是有主观上的选择能力的。"枪弹论"将目光局限在了媒介一方，认为媒介是大众传播的主体，受众处于被动接受的状态。两者之间没有其他因素影响。长期来看，这样的观点是站不住脚的，逃脱不了被抛弃的命运。

（二）有限效果论

传播效果研究的第二个阶段，是"有限效果论"阶段。这一阶段是对第一阶段进行质疑、反驳的阶段，认为受众是具有各自特点的个体，并不是应声而倒的靶子，媒介的效果远不如一般人想象的那么强大，媒介讯息对受众有一定效果，但是相对来说很微弱，媒介并没有多大威力，媒介甚至是无能的，大众媒介不是影响受众的直接和唯一的因素，充其量只是影响因素之一。约瑟夫·克拉伯在 1960 年出版的《大众传播的效果》一书中与"枪弹论"针锋相对，完整地勾勒出"有限效果论"的基本框架，很好地梳理和总结了前人的成果，提出大众传播效果的五项一般定理，为第二阶段的传播效果研究画上了句号。

第一，大众传播不是效果产生的唯一和充分条件，它通过将各种关系进行连接来发挥作用。

第二，大众传播在改变受众态度方面，起到的作用也是有限的。最明显的是，它并不能改变受众态度，而只能强化他们所持的态度。它通过联合其他因素一起，才能够起作用。

第三，单独依靠大众传播改变人们的态度的前提条件是，其他因素不再发挥作用，或者其他因素本身也在帮助改变受众态度。

第四，受众的心理、生理因素的不同，会使传播效果有所不同。

第五，媒介自身的内容以及信息源也会对传播效果造成影响。

根据约瑟夫·克拉伯的观点，大众传播的影响是有限的，甚至是无力的，因此也被称为"有限效果论"。

（三）适度效果论

"适度效果论"是 20 世纪 70 年代出现的一种理论，这派理论研究者有一些共同的假定：认为过去对大众传播效果的研究，过于注重态度和意见，如果注意到其他方面，可能会发现大众传播较大的效果。而且过去的研究在思路上有一些单一，只注意大众传播对受众成员做了什么，而没有研究受众使用媒介做了什么，尤其是一般研究者很少注意到媒介的长期效果。这一时期的传播效果研究摆脱了"有限效果论"传者中心论，从受众的角度出发来研究大众传播的长期作用，强调了大众传播影响的适度效果，因此称为"适度效果论"。实际上，"适度效果论"有时很难说是效果理论还是受众理论，因为包括使用与满足模式在内，都是源于对受众行为的研究，所以，有的学者把它们放在受众部分来谈。

"适度效果论"包括使用与满足理论、议程设置理论、创新与扩散理论等一系列理论。这些假说的主题不同，但都具有一些共同特点：对大众传播的研究看重其长期的社会影响、宏观的和综合的社会效果，承认并强调传媒对社会群体的影响力量。

（四）强大效果论

20 世纪 70 年代以后的"强大效果论"并不是早期"枪弹论"的恢复，而是在"适度效果论"基础上发展起来的。与"枪弹论"不同，"强大效果论"强调的是媒介长期的、潜在的影响，并将传播过程置于整个社会政治经济环境中进行宏观分析，而"枪弹论"强调媒介绝对的、无条件的强大效果，二者是有本质区别的。

该理论中最为著名的研究是由德国研究者学者诺依曼提出的"沉默的螺旋"理论。这个概念最早于 1974 年被提出，直到 1980 年，作者在其出版物《舆论——我们的社会皮肤》一书中对"沉默的螺旋"进行了全面概括，阐明了在公众舆论的形成过程中，人际传播和媒体是如何共同起作用的。"沉默的螺旋"理论中提出这样一个观点，人们倾向于将大多数人都认可的观点表达出来，如果某一观点无人或者很少人支持，即便自己是认可的，也会因为害怕被孤立而保持沉默。总会有某些观点占上风，于是少数派便保持沉默，不愿意发表自己的看法，如果人们觉得自己的观点会得到大家的认可，就会增强表达意见的欲望，此类观点也会愈加得势；相反的，无人支持的一方则会愈发沉默。这样一来，便逐渐开始了一个螺旋的过程，越多人支持的一方会逐渐上升为具有支配地位的意见。

当意见的形成过程被大众媒体参与进来，螺旋上升的趋势也就更快，支配地位的意见更明显。这一理论假说的一个重要观点是，传媒提示的意见环境可能是少数人的观点，也就是说传媒未必采纳大多数社会一般成员的真实性意见。即便如此，当它强调某一意见的时候，也会被社会成员当成大多数人赞成的意见而加以拥护，从而引起该意见螺旋上升，在传媒影响所及的范围内引起人们判断和行动上的连锁反应，换句话说，这个假说认为大众传播具有创造社会现实的力量。

第三节　马克思主义视野中的新闻传播理论

一、马克思、恩格斯新闻观涵盖的方面

在丰富的办报实践以及理论研究和领导革命的实践中，马克思、恩格斯形成了丰富的新闻思想。马克思、恩格斯新闻观包括丰富的内容，主要包括以下方面。

一是新闻自由观。马克思、恩格斯认为新闻自由是自由的基础，因为可以通过新闻出版表达个人的意见，并进行传播，得到社会的评价或认可。马克思、恩格斯坚持新闻的自由观，但反对资产阶级片面的自由观，他认为资产阶级所谓的新闻自由是有阶级性的，是资产阶级自身的新闻出版自由，不是真正的自由。马克思在办报的实践中也亲自体会到了资产阶级所谓的自由是有阶级性的自由，本质是资产阶级的自由，是对无产阶级的独裁。他在《评普鲁士最近的书报检查令》《第六届莱茵省议会的辩论（第一篇论文）关于新闻出版自由和公布省等级会议辩论情况的辩论》中，反对书报检查制度，认为书报检查制度妨碍了新闻出版的自由。

他们强调用法律巩固新闻出版的自由，通过新闻出版法来认可新闻出版的自由。"新闻出版法就是新闻出版自由在法律上的认可。"在《资产阶级和反革命》一文中，马克思揭示了资产阶级新闻自由的本质，认为它只是资产阶级反对封建阶级的一种工具，当他们利用这一工具取得反对封建的胜利后，他们又把自由划定为本阶级的自由，这不是真正的自由。

二是人民报刊观。按照马克思主义的基本原理，人民群众是历史的创造者，人民群众创造了物质和精神财富，报刊应该为人民服务。在《莱比锡总汇报的查

封》《第六届莱茵省议会的辩论》和《摩泽尔记者的辩护》等文章中，马克思、恩格斯表达了人民报刊的思想。马克思、恩格斯认为报刊应该是人民的喉舌，代表大众的利益，代表人民的利益，应当表达群众的声音。在《摩泽尔记者的辩护》中马克思指出，报刊应该反映人民群众的真实生活状况。在《〈新莱茵报〉审判案》中指出，报刊的使命是社会的捍卫者，应该是人民利益的表达者，是人民的喉舌。报刊应该维护人民的利益，为群众争取权益，为人民辩护，报刊的义务正是在于为它周围左近的被压迫者辩护。

三是党的报刊观。马克思认为报刊应该宣传党的主张，是党的喉舌，报刊是组织、动员群众的一种重要工具。在《〈新莱茵报·政治经济学评论〉出版启示》一文中，马克思提出"报纸最大的好处，就是它每日都能干预运动，能够成为运动的喉舌，能够反映出当前的整个局势，能够使人民和人民的日刊发生不断的、生动活泼的联系"。1847年2月，共产主义者同盟在早期阶段就提出出版党报的计划，并指出报刊对政党的重要意义：必须创立一种能全面代表党的报纸。因为没有专门的机关报，一个政党是难以存在的。

四是新闻真实观。按照唯物主义的基本原理，物质决定意识，存在决定思维。新闻是人们在社会实践、社会交往中形成的认识，真实性是新闻的生命。如果消息失去了真实性，则失去了诚信，失去了公信力，不被人们所认可，就没有读者，就无法教育读者、影响读者、动员读者、组织读者。报刊发表出来的新闻没有人相信，最终为人们所抛弃。"完全立足于事实，只引用事实和直接以事实为根据的判断——由这样的判断进一步得出的结论本身仍然是明显的事实。"①

二、 马克思主义新闻传播理论的核心内容

（一）舆论与宣传思想

马克思与恩格斯经常会使用到"宣传"和"舆论"两个概念。它们共同体现了新闻的表现形式。

---

① 马克思恩格斯全集第42卷［M］. 北京：人民出版社，1979：413.

1. 宣传思想

马克思提出"宣传"所包含的内容，既可以是对事实的传播，也可以是对观点和学说的传播。有些时候，一些用于宣传的事实可能在理论上是行不通的。面对这样的"宣传"内容，要保持谨慎的态度进行分辨。对于理论和观点的宣传，马克思提出，一定要给予最严谨的态度，提高重视程度。"宣传"所起到的作用是有限的，因此，马克思和恩格斯又提出要将宣传与活动和实践结合起来的观点。例如，他们认为，要从课堂走到社会中去，亲身参与宣传活动。他们还认为，宣传活动要设定目标，能否实现目标，如何实现宣传活动的目标，是需要特别关注和思考的。宣传活动目标的实现包括参与宣传的人员水平、人员的理论基础如何以及自身的艺术水平等因素。除此以外，外部因素起到了决定性作用，那就是经济结构而导致的社会变迁。

宣传的理念如果与社会发展的理念是相对的，那么，无论如何进行宣传，都不会收到好的宣传效果。宣传最重要的目标，就是从思想上说服宣传对象。社会主义的宣传，马克思认为，最重要的宣传对象就是还未参与社会主义运动的广大人民群众，说服他们投入到社会主义事业就是最终的宣传目标。

2. 舆论思想

马克思和恩格斯的著作中，经常会出现"舆论"的概念。按照不同的背景条件，也对舆论采用了不同的定语。若是并未采用具体的界定方式，"舆论"的范围也会更加广泛。很多情况下，虽然将报刊称为"舆论界"，但却并不能将二者完全混淆。

随着商品经济的发展、资本主义社会的形成，社会变革使舆论有了很多的新特征。总体来说，归纳为三点。第一，社会团体的共同利益促使不同的舆论产生。这种舆论是有赖于物质利益关系的，要想消除舆论，就要从根本入手解决矛盾。第二，发达地区或先进阶层，更容易领导舆论。之前社会经济不发达的年代，各地区的舆论差别也不大，随着社会经济的发展，先进地域对舆论的领导作用越来越明显。第三，舆论是在时刻变换的，它对社会变化十分敏感。经济发展拉进了人与人、人与世界之间的距离。社会有任何哪怕再微小的新变动，人们的利益也会受到不同程度影响。

在马克思与恩格斯编撰的著作中，他们对于舆论非常重视，尤其随着社会发展，广大群众在社会中的参与度不断提高，社会生活的方方面面都会受舆论影响。马克思认为，舆论"具有隐蔽性、普遍性以及强制性的力量"。结合一定的社会实践，他们基本上围绕以下几方面对舆论的力量进行论述。

第一，在政治活动与权力组织中，舆论起到了重要的制约力量。第二，舆论对立法，将会起到重要的推动作用，尤其是经济立法的出台。第三，受到舆论压力的影响，在社会监督中形成了普遍的局面。基于此，马克思也曾提出了多个词语，比较具有代表性的包括"舆论的陪审团""批判的法庭"等，而恩格斯也采用了"诉诸公众"等词汇，从实质上来看，他们表达的含义是相同的，也就是说，所有人都会受到无形的精神力量的束缚。这也是比较全面的精神交往方式，具有一定的特殊性，将多项因素均联系到一起，其中可包括社会关系、传统、心理以及现实等诸多因素。

（二）服务表达功能思想

服务功能新闻具有服务的属性，服务不仅仅满足受众对新闻消息的需求，还具有满足对基本生活资料需要的功能。马克思将报纸视为生活中重要的资料，而并非仅是普通的宣传工具与信息传播途径，从经济学层面作为切入点，马克思对工人生活与报纸之间的关系展开了深入的讨论。

马克思感受到了工人在精神交往以及信息接收过程中所产生的需求，从而在生活资料中也加入了报纸这一要素，由此，也对报纸进行了重新定义。

在19世纪中叶，工业革命基本实现，手工业者应具有最基本的文化水平，方可适应时代的这种变化趋势，并发展成为现代工人。在19世纪中叶之后，欧美等国家又出现了技术革命，其主要标志即为交通通信。在这个时代，电报、印刷机的广泛应用，再加上报刊的大量发行，铁路网以及运河的建设，传统的帆船逐渐被蒸汽船替代，也极大程度地提高了生产力，利用时间的优势，将空间方面的障碍克服，也收获了许多显著成就，整个社会也得到了快速发展。最初是在英国，随后开始蔓延到欧洲各国，报纸也逐渐变成了工人不可缺少的生活资料。在资本的力量下，工人阶级也与社会联系相结合，也就是说，如果无法掌握外界的事情，就不能在这个社会立足。因此，报纸也变成了对于工人来说非常重要的生活资料。这一现象的产生，与当时工人生活的变化存在密切的相关性。

马克思认为，报纸的本质应该是真诚地反映人民的呼声，报刊所表达的应是人民的情感与思想意识。它存在于人民的生活中，对于人民遭受的快乐与烦恼、期望与忧患表示同情与关心。

（三）新闻原则论思想

新闻工作的开展需要一定的工作原则，代表无产阶级利益的新闻机构和新闻工作者更要坚持原则导向。马克思的新闻思想内容中关于新闻工作原则的论述有很多，包括真实性原则、时效性原则、党性原则等。

1. 真实性原则

马克思认为，作为一名记者，仅可以从某一角度将事实报道出来，并显现事实的某些因素，也就是说，报纸在有机运行的情况下，才会逐渐揭露出所有的事实，新闻的真实性表现为一个过程。

2. 时效性原则

这个术语指的是通讯员应当及时报道最近所产生的新闻事实，丧失时机对新闻来说是致命的。恩格斯认为新闻是靠辅助材料写成的应时作品，撰写有关时事的文章，不立即发表是不行的，这体现了恩格斯认为及新闻报道的及时性是至关重要的。

3. 党性原则

在马克思与恩格斯的思想观念中，遵循党性原则的行为为了保护党的形象与声誉，严格遵守党的基本纲领，将正确的理论传播出去，在多次的斗争中，试图战胜各种与之相对立的行为。他们在交往过程中，也经过会谈论到这些问题，保护党的荣誉不受威胁，从而维护党的理论的纯洁性。无论是党内的人还是出版物，均要遵循"党的精神"。

党的报纸是党的旗帜，这是恩格斯关于党报原则的一种喻证。恩格斯认为：党报要坚决维护卫党的原则，与所有违背这一原则的言论抗争到底。党报来说，并非仅是领导的传话筒，也象征着党的伟大旗帜。

第二章　新闻传播研究的转向

新闻教育的发展也带来了新闻传播学研究的繁荣。近年来，新闻传播学论著的出版数量逐年上升，质量也在不断提高。本章节内容为新闻传播研究的方向，主要围绕新闻传播研究的范畴、新闻传播研究的"文化转向"、新闻传播跨学科理论分析展开论述。

第一节　新闻传播研究的范畴

一、　新闻传播理论研究综述

目前，我国学界中对新闻传播基础理论研究的书籍和文献相对较多，其中有不少比较有名的理论，从中可以找到新闻研究的新方法。

关于新闻传播的研究对象，近些年来，新闻界的讨论范围主要围绕新闻与宣传的话题展开。尤其是最近几年的研究，以用新闻的写作规律是不是"用事实说话"展开讨论。以此，更加深入理解新闻宣传的内涵差异。

关于新闻事实问题的研究。假新闻泛滥一直以来都是被重点关注的问题。造成的这种情况的原因主要是，小部分新闻工作者职业道德欠缺，为迎合受众而制造假新闻，加之如今社会环境对假冒伪劣的宽容，导致假新闻的泛滥。如今，假新闻以更隐蔽的方式逃避法律的追究，利用真实地点为掩护，编造煽情的内容来博人眼球，以期获取更多利益。

关于新闻价值的研究。新闻价值指的是新闻提供的事实与人们的认知之间的信息差所产生的价值。一般来说，认识和新闻事实之间差距越大，新闻的价值就越高。随着社会认知的变化，人们原来熟悉的事实有可能生出新的意义，事实认知的变化也可以产生新闻价值。当今社会，受众的关注点发生了变化，导致新闻来源的变化，一些生活类新闻和社会类新闻成为新宠，被大量报道。随着构成新闻因素的扩大，新闻价值因素也相应改变，娱乐价值、激励价值、获知价值、获利价值等，成为新的新闻价值追求。在追求新闻价值的同时，一些以强调"反新闻价值"的新闻选择标准也在悄悄冒头，这类观点主张反对新闻传播中对弱势群体的歧视。

关于新闻法制的研究。主要集中在记者的采访权问题和隐性采访的问题。隐性采访一直作为特殊的采访方式存在，是否违反法律备受争议。有些学者认为，它是正常在正常采访无法完成，且需要经过层层审批下使用的采访方式，因具有偶然性和必要性，是可以使用的。这也就引申出了对记者采访权的讨论。关于采访权的讨论一直以来就有两种声音：一种意见认为采访权是法律赋予记者的权利，记者担负起新闻采访的责任后，自动就获得了采访权；另一种意见则持谨慎态度，认为采访权并不是一项法律明确规定的授权，只是从公民的言论出版自由权中延伸出来的记者享有的一项特权。

关于新闻舆论监督的研究。这是一个学术界常见的热议话题，主要集中讨论对新闻舆论监督本身的认识，以及它与司法公正的联系。我国媒介体制的特殊性，决定了舆论监督其实是某些政府管理部门的职能在媒介领域的延伸。有些学者认为，我国舆论监督中出现的种种纰漏，一方面是相应的政府组织没有真正做好监督的职责，另一方面是权利过于向外扩张。同时，部分媒介的职业化水平也有待提高。舆论监督本身是一种对媒介的软性制约，这样的特点决定了它不能靠过激的态度解决问题。

关于新闻职业精神与职业规范的研究。法律法规对新闻职业精神和职业规范的制约，在我国其实已经相当健全，对新闻从业者的行为都有明令禁止的规定。但是，当今我国媒介组织中依然普遍存在违背职业准则的行为，出现这种现象的原因，深层次来说是新闻从业者职业与利益之间的冲突。因此，需要从内因出发，强化新闻的专业主义，寻找解决矛盾的途径。

二、 新闻与事实

（一）新闻事实与客观事实

客观事实的特点是，它是客观存在的，不以人的意志为转移，能够被认识。新闻事实，则是指媒介对客观事实的加工和报道能力，它是人对客观事实的反应。也就是说，客观事实是独立于新闻之外、与新闻传播的事实不能直接画等号的客观存在。

新闻事实是新闻传受过程中的观念事实。有学者把新闻传受过程作为研究对象，提出了"新闻的过程形态"——新闻的本源态、传播态以及收受态，对应着新闻事实存在的三种事实形态：客观存在的事实、媒介传播的事实以及受众收受到的事实。在新闻的传播与收受中的新闻事实都是观念事实，它们的现实来源是客观事实。二者都会受到主体认识水平和符号表征能力的限制。

新闻真实是一种以符号为媒介的"再现"真实。符号有自身的规律性，不同符号体系进行言说时的意义不同。任何符号在告知一部分事实时，同时也在遮蔽另一部分事实。

新闻真实是一种"有限"真实。一方面，客观事实具有不可复制性，任何对事实本身的复制与反映，都只能是接近事实，而不是事实本身。同一事件发生后，不同目击者之间的陈述既不一致，也不能保证准确无误。另一方面，通过摄像机等录像设备的记录，也不一定是全部的"事实"，只能看作是事件的一部分现象。这是因为，记录的过程本身就是记录人从个人认识的角度，对"事实"的观察和片段截取。由于观察介入的角度不同、新闻源不同、媒介所持有的立场和利益不同、新闻记者对整个事件的认识水平不同，新闻呈现出的必定是有限的真实。同一个事实陈述的背景变了，事实的意义也就变了。

新闻事实并非客观存在的事实。在法律界，同样有这样的矛盾点存在。法律事实实际上跟新闻事实一样，也非全部的客观事实。这是因为，虽然陈述的案件本身是客观发生和存在的事实，但是在法庭上认定案情的时候，实际上是法官和律师等人依靠法律程序、依据证据对客观事实的讨论，虽然他们竭力再现客观事实，但也只能是无限接近，"法律事实"并非客观事实本身。从这个角度看来，有法律做保障、先进科技手段做辅助、遵循严密的司法程序一步步深究都不能完全还原客观事实，"新闻事实"对客观事实的还原程度就更不用说了。

（二）事实与诠释

在西方，诠释学最初是作为一种诠释技艺出现的，指向的是某些特定的领域，例如宗教或者法律，是以特定的文本，如宗教的经典、法典或文学作品为诠释对象而进行的特定的实践活动。诠释学作为现代西方主流哲学思潮之一、作为解释和理解的理论和方法被广泛地运用在社会科学研究的各个领域。

尼采曾经说过："没有事实，只有诠释。"虽然这句话最初讲的是沟通的作用，但能够给人更大的思考空间，如果没有诠释，事实也无从可知。在新闻传播的领域里，新闻事实以新闻的形式呈现在受众的面前，即经过诠释后的新闻事实。从诠释学和新闻学的逻辑看，新闻的生产和接收经过了三个层次的诠释：传播者对事实的诠释、受众对新闻报道的诠释和文本语言自身的诠释。从这个意义上说，新闻是对新闻事实的诠释与呈现。

1. 关于诠释

诠释学的最初含义是指一种宣告、口译、阐明和解释的技艺，与神话和宗教密切相关。到了19世纪，在神学家施莱尔马赫的努力下，诠释学摆脱了一切教义的偶然因素，作为一门关于理解和解释的一般学说出现，使诠释学从诠释技艺成为理解方法论。

而诠释学在西方之所以能够成为一门显学，具有转折意义的是哲学家伽达默尔在海德格尔的引领下完成了诠释学的本体论转向，对诠释学进行了系统化的建构。理解的历史性是从作者和读者之间的关系出发考虑的。作者所处的历史年代和后世的读者一定是不同的，他们有着历史背景差异，必然有着对文本理解的差异。因此，伽达默尔强调"文本的意义超越他的作者，这并不是暂时的，而是永远如此的"。在这个意义上，就不能将诠释看作一种复制行为，而是当作一种再创造行为。海德格尔有一个非常著名的命题，即"语言是存在的家"，这种语言和存在的固有关系引领伽达默尔做出了"能被理解的存在就是语言"的论断。

由此，理解的语言性可以表述为，语言作为一种媒介存在，对诠释学的对象和过程有着规定性，这也就引出第三个方面——理解的应用性。理解，也就是诠释，是一种语言应用的过程，而诠释的本身也是一种应用。这使整个理解和诠释过程具有双重的指向性，既指向现时代的生活，也指向文本本身。

哈贝马斯认为伽达默尔的学说缺乏批判性，由此提出了批判诠释学。他认为，人类的任何行为都只能在交往中进行，交往行为是直接以语言为媒介展开的、旨在达到主体间的相互理解的意向性活动。无论是作为理解活动得以展开的媒介的语言，还是在语言背后起决定作用的社会交往行为，都带有意识形态的特征。语言本身就是一种意识形态，对语言的意识形态批判就应该成为诠释学的题中之意。而利科尔则从语义学的角度出发，发展出了文本诠释学，即把文本作为理解和解释的重心，尊重了文本的客观性，同时也尊重了读者的主观特性。

2. 新闻对事实的诠释与呈现

诠释学的三次转向分别为作者中心论、读者中心论、文本中心论。作者中心论中文本是将作者的思想和观点传递给阅读者，因此，理解文本的原意尤为重要。而读者中心论中认为，读者对文本的理解才是诠释的核心，它强调的是借助作者的原意，进行的一种对文本的再创造。文本中心论就是把作者中心论和读者中心论两者协调起来的一种理论，强调的是书写文本的自主性，也就是语言的诠释意义。

从诠释学的意义来看，对新闻的理解同样有着传播者、受众和新闻文本的三个取向。可见，呈现在受众面前被受众阅读过的新闻已不再是客观事实，而是经过了传播者、文本、受众诠释之后的事实。这也就不难理解，新闻是事实诠释后的呈现，涉及了传播者、文本、受众三方面的诠释。这种诠释更多地体现在语言的运用上，也是一种意识形态的角逐。

3. 奉为圭臬的新闻的客观性法则

虽然新闻从业者知道新闻事实不等于客观事实，新闻也不可能精确地反映全部事实，但是这并不能妨碍新闻界对于新闻客观性的向往与追求。长久以来，客观性法则被新闻业奉为圭臬，"新闻客观性"是新闻学研究的经典命题之一，也是备受业界推崇的新闻原则之一，主导思想是要求新闻报道以客观事实为基础，严禁将个人的立场和观点带入新闻报道中。

综上所述，新闻客观性法则的要求是，基于客观事实的、保持中立态度的、不夹杂个人感情的、不做评判的基本报道准则。学者对新闻客观性的研究，概括为三个方面，独立（新闻应该不受政治压力的左右）、平衡（新闻在表现上应该不偏不倚）、客观（新闻应该仅仅陈述事实，其中不能渗透主观判断）。还有学者将新闻客观性的内涵归结为：事实与观点分开、不带感情色彩、力求公正平衡。

19 世纪 30 年代的美国新闻界最先开始关注新闻报道的客观性。这一时期的美国媒体界，正在经历着党政报刊向大众报刊的过渡。当时，美国的新闻媒介开始逐步摆脱对政治集团经济上的依赖，他们开始将报纸作为商品推向市场，以获得读者青睐，以获得经济利益为目标。经营方式的改变，逼迫美国报业提升自己的专业素质，来获得更多市场。这其中就包括，树立起了对新闻进行客观报道的观念。当时新闻客观性原则的基本要求是，新闻报道不是为党派服务，而是要保持中立态度客观报道事实，才能赢得广泛的读者，进而通过大量发行盈利。

意识形态的变化影响传媒业的发展，但这并不意味着对新闻专业主义的忽视。新闻专业主义的重要性一直以来就被新闻从业者看重，并视为职业理想。从业者对新闻专业主义的追求，本质上是一种社会责任意识。客观性原则时刻提醒着：新闻工作者在新闻实践中要始终警惕各种伤害客观性的力量。

三、　传播者与受众

（一）传播者：永远的把关人

1. 信息流通中的把关

新闻和事件是有很大区别的，事件是无时无刻都在发生的，只有被筛选和关注的事件，才有可能成为新闻传播。因此，就需要有专业人士对海量发生的事件做出甄别，筛选出有价值的事件进行报道和传播。这就出现了所谓的"把关人"。社会心理学家库尔特·卢因提出这个概念，目的是对信息的传播内容做规划，只有符合群体规范的信息内容才能进入传播渠道。

新闻传播的整个过程是一个层层把关的过程，具体说就是新闻从业者对信息的传播价值做出判断和选择。新闻从业者包括记者、编辑等专业从业人员。记者需要首先从纷繁复杂的事件中，选择有价值的进行采访。编辑需要对记者采访进行进一步的筛选，确定是否报道、是否要放头条。这个过程中的层层选择，都属于把关。它的实质是对传播内容的控制，传播媒介起着主要把关人的作用，受众最后能接收到什么样的信息，其实是传播主体的选择。

2. 新闻建构中传播者的把关

在新闻的建构中，传播者的把关作用主要体现在两个层面：新闻源主体对新闻的建构和新闻媒体（包括新闻从业者）对新闻的建构。

（1）新闻源主体对新闻的建构

社会主体都是目的性的存在，目的性决定了新闻源主体在提供新闻时，就已经提前对材料进行了一定的加工，如事件的选择、主观判断和定义等。

新闻源主体在传播活动中起着基础性作用，它也是新闻传播的第一个环节。它作为新闻事实的基础，扮演着新闻"控制者"的角色。应该将什么样的信息传递出去，受众将接收到什么样的新闻事实和观点，新闻源才是传播的主体。所以，抢占重要的新闻信息，是媒介非常重视的，也是新闻工作者日常最重要的工作之一。拥有较多公共新闻资源的主体，拥有更多的机会控制媒介信息，也拥有更多自由构造新闻事实，最终实现建构对自身有利的新闻图像的目的。这些行为可以是有意的，也可能是无意的。但无一例外，新闻源主体在向媒介提供信息时，会因为这样那样的目的，难以做到完全客观公正地提供事实。他们可能会提供有利于自己的片面事实，甚至还有可能进行一些虚构，达到美化自身的目的，抑或对一些事实进行掩盖。这也就是说，新闻源主体在实际提供信息时，已经提前对信息做了一定的筛选或者重新建构，这种情况几乎是难以避免的。

（2）新闻媒体对新闻的建构

新闻媒体本质上也是一种利益实体，新闻传播追求的是新闻价值。不同的媒体虽然对新闻价值的追求不同，实质上都会根据自身的媒体文化及媒体价值观对新闻事实进行重新建构。在常态情况下，新闻媒体关于新闻事实的呈现，都是新闻媒体依据自身利益，甚至主要是依据自身利益选择建构的结果。

新闻媒体一般会按照一定的框架，选择新闻传播的内容和方式，来实现对新闻的建构。任何新闻媒体都是按照自己的媒体方针、编辑方针对新闻进行报道和构建。通常情况下，媒体方针和编辑方针是新闻媒体最重要的框架。它的形成受外部社会力量的支配和影响。这种影响包括社会政治、经济、文化制度对媒体框架的影响。社会各种制度首先为媒体框架的制定提供了引导，限制媒体活动的范围和方式。这也就是说，媒体框架其实是一种来自外部的"他律"，它体现了一定的社会框架的结果。我们也可以这样认为，新闻媒体是一种工具，为社会强势群体服务，同时，它也会为了自身利益，做社会强势群体的合谋者。

除了外部因素的影响，新闻媒体也会从内部进行媒体建构。这个建构过程，就是媒体对传播内容的选择，以及对新闻传播频率和方式的选择。传播主体不再受制于外部力量，而是根据自身利益和传播目标，进行自我设限和控制，这是一种媒体主动选择的结果。值得关注的是，媒体对内容的传播可以进行自我控制，但在一定社会环境因素下，一旦对内容的控制不当，呈现出来的报道就会因为不正确的价值观，给社会带来一些危害。

（二）受众：从被动到主动

1. 作为传播过程的受众

受众作为传播过程的一端，已经不再是单纯的接受方。在现代媒介技术的作用下，受众已然成为一个"综合体"，既是接受者也是传播者，传播关系也由单向度转为交互式。受众不再是被动的"靶子"，而是一个个能动的主体。

在新闻传播过程中，新闻受众承担着非常重要的参与者角色，在新闻传播环节的地位是相当重要的。

受众是对新闻接受者群体的一个总称。受众包括的范围很广，报刊的阅读者、广播的听众、电视观众以及网络媒体的使用者，都是受众。在新闻传播学早期研究中，学者们并没有看到受众在新闻传播中的作用，习惯将受众看作信息的被动接受者，因此有了"子弹论""有限效果论"等理论。随着研究深入，学者们又发现了一个不容忽视的事实，那就是受众对传播信息的反应是不同的，不同的群体反应会影响媒体调整自己的传播行为。受众作为新闻传播参与者的作用越来越被重视。特别是网络媒体的发展，受众越来越多地从单纯地接受信息，转变为主动获取信息，满足自身互动、消遣娱乐的需要。到这个阶段，受众不仅是信息接受者，同时也是信息的传播者，在新闻传播中的地位愈发凸显。

受众接收媒介信息时，兼具受动性与能动性。从空间分布、存在的形态看，受众的主要特征有如下几点：

（1）广泛性。新闻传播是面向全体社会成员的，受众的分布非常广泛。特别是电子和网络媒体的兴起，受众的范围分布在社会的每个角落，甚至到了全球。因此，受众具有广泛性的特征。

（2）混杂性。正是因为受众分布是广泛的，受众的阶层也是不受限制的。认知、性格、社会地位各异的受众成员，决定了大众传播受众的混杂性和异质性。

（3）分散性。大众传播的受众没有固定的地域和行业，因此，具有分散性。他们分布在社会中的各个行业，或者各个不同的地域。相互之间没有任何关联，对媒介的接触也各有其不同的目的和动机。

（4）隐匿性。大众传播分析受众时，是以群体为单位的。而个体成员并不受传播者的重视，也无法做到对个体受众的关注。因此，受众具有隐匿性特点。

从受众自身分析，他们具有自主性和归属性的特点。所谓的自主性，指的是受众个体之间价值观、立场、性格爱好等是不同的，因此对信息内容上的选择侧重点会不同，对媒体信息的理解和接受程度也不一样。对于媒体而言，受众具有强烈的自主接受信息的行为，并不会轻易被支配。所谓归属性，是指受众在接受信息的过程中，对自我角色的定义和认可。不同的社会群体，如学生、白领、民工等，会通过对自我的关注选择各类感兴趣的信息，并可能将信息进行二次传播。他们会在这个过程中，给自己的身份进行定义，在信息传播过程中找到自我满足感和归属感。

作为信息接受者，受众首先具有自我意识，其次才是自我社会角色认同。这个特点决定了，受众是社会意识形态的承载者，同时也会通过对自我社会角色的认同，主动对信息做出符合身份的反应。从这个角度看，受众在接收信息之前，其实就先有了一定的认知和社会意识，接收信息过程中，受众的认知和社会意识会发生相应的变化。那么，受众作为传播主体存在，也就不足为奇了。

2. "使用与满足理论"

受众角色的变化是从使用与满足理论的出现开始的。使用与满足理论的产生是传播研究史上的一个重要转折点。早期的传播研究大多是从传播者的角度出发，就传者如何影响受众进行研究。而"使用与满足"理论则把研究焦点转移到了受众身上，认同受众具有自我行动的意识，强调受众的能动性，突出受众的地位。

传统的理论认为，媒介在传播过程中的主要任务是说服受众，受众是被动的，最是代表性的理论就是上面提到过的"枪弹论"。"使用与满足"理论正好相反，认为受众是主动的媒体使用者，他们的需要和期待应当受到重视。"使用与满足"理论认为，受众对媒体的选择，是通过媒体的某一项功能能够满足受众的使用感受而决定的。这种满足可能是心理的满足、使用方便的满足、社会的需要的满足等等。而受众对功能的使用和满足，受其生活环境的影响。

"使用与满足"理论的研究和实践的过程就是受众地位转变的过程，受众完成了从被动到主动的"华丽转身"。"使用与满足"理论告诉人们，一般来说，受众具有自主性，会主动选择新闻媒介。受众对媒介的选择倾向，决定了他们想要构建什么样的心理世界。新闻符号的选择，帮助他们完成对自我头脑和心理的构建。这个意义上，可以说受众对新闻媒介的选择，实际是想通过对关注点的选择，实现自我认知的升级。

第二节　新闻传播研究的"文化转向"

一、文化研究与新闻传播的"话语权"

（一）文化研究的兴起与发展

伯明翰学派文化研究是在英国社会文化危机中孕育的。"二战"以后，英国国内"福利国家"建设引发了社会和道德秩序的混乱，同时，工人阶级生活水平的提高以及工人运动的消退，使激进的革命意识变得不合时宜，英国阶级结构的变化带来了新生政治问题；而国际上苏联出匈牙利、苏伊士运河危机等变革也相继发生。国内外社会形势使英国知识分子陷入危机感与迷惑之中，他们在寻找对策和不断的自我修正中逐步形成了"新左派"（New Left）。"新左派"反对政治集权、经济统制和制度化的等级制，主张批判斯大林集权主义，强调社会主义人道主义，将文化与政治结合起来全面反思英国社会。他们活跃于不断发展的成人教育中，得以掌握了大量的下层人民生活状况资源，积累了介入文化事务的经验。这些都为英国文化研究的兴起创造了条件，加上美国"大众文化"进入英国所产生的刺激和影响，伯明翰学派的文化研究作为社会思潮的出现成为社会历史发展的必然。

霍尔说："文化研究就像一个变色龙，它根据社会条件的变化，提出自己的主张，它的目标是积极地干预现实，反对权力的压迫，帮助我们追求自由。"①与法兰克福学派相比，英国的文化研究学者有着天然的政治参与热情，认为文化是大众在利用传播媒体的过程中自发产生的，是大众自己解释出来的文化，而不是权力和意识形态先入为主的文化。这里强调的就是受众的自我选择与抗争。

1979 年至今，是英国文化研究的后 Hall 时代。20 世纪 80 年代中期开始，受后现代思潮的影响，CCCS 的文化研究比此前两个阶段呈现了更为丰富的多样性，不仅工人阶级、教育、青年亚文化、女性、少数族群、第三世界主题出现了新发展，"新时代"文化研究、修正主义文化研究、身份研究、消费文化、视觉文化等新领域也随之出现，英国文化研究进入了新语境下总结性反思与开拓性重构并重的时代。这一时期的文化研究将马克思主义作为重要的思想和学理资源，同时将文学、语言学、符号学、结构主义、叙述学、精神分析、文化人类学、社会学等各种人文学科的成果纳入自身的知识谱系，逐步形成了具有反理论倾向的研究体系。

作为对文本中心主义的超越，文化研究（Cultural Studies）将文化置于社会这一历史语境中，用社会生产和再生产的理论对文化加以考察，分析社会和文化霸权的控制形式以及反霸权的途径，因而它特指一种文化理论思潮和文化批评运动，同时也是研究文化的一种方法和视角。文化研究 20 世纪中期从英国起步进而于 70 年代进一步扩展，80 年代将影响延伸到加拿大、澳大利亚、美国等地，80 年代末 90 年代初登陆中国，它在对文学、历史学、语言学、人类学、社会学

---

① 刘海龙. 大众传播理论：范式与流派 [M]. 北京：中国人民大学出版社，2008：335.

等诸多人文社会学科边界的突破中，集文化诗学、文化批评、文化唯物主义于一身，形成了鲜明的反理论倾向以及自己相对固定的主题和特征，具有独特的学术魅力和良好的发展前景。

亚文化系列研究、以亚群体形式进行的女性主义研究、媒体研究等改变了英国历史书写与现状分析对冲突的遮蔽，使反抗性和斗争性成为这一时期文化研究鲜明的主题特色。CCCS 在 20 世纪 70 年代（尤其是 1972 年）开展了意识形态系列讨论等活动之后，1978 年出版了至今仍被视为探寻 19 世纪 70 年代初期马克思主义状况窗口的文化研究经典读本 *On Ideology*，尽管它没有对阿尔都塞结构主义、马克思主义意识形态等进行探讨，也并未涉及种族主义、性别主义、民族主义，但它宣告意识形态已经成为文化研究的重要维度，"意识形态"成为文化研究的关键词。

（二）新闻传播中的话语研究

话语在语言学中用来指称比句子更重要的动词性言说。话语分析所看重的不只是某个言说者的复合语句，而且更加看重两个或者两个以上言说者之间的互动，以及用来操持和控制特定语境中之话语的语言规则和社会习俗。

话语研究是一种对受众权力发现的范式，研究的焦点和旨趣不再拘囿于传播者意图的实现，而是研究受众在意义生产过程中的主体作用。这是一种关于受众权力的话语表达。这种研究范式的形成有一个较大的历史跨度，包括文化研究学派和话语研究群体。他们不再把新闻受众看成是整体的机械的接受者，而把他们看成是传播链条中的能动的主体。传播者的意图及意图的实现不再是研究重点，重点是考察文本的流通特点和意义的生产。

话语的概念主要是经过米歇尔·福柯的论述而成为一种普遍的理念。"话语"概念在福柯那里也有广狭之分。广义地讲，"文化生活的所有形式和范畴"都是"话语"。正是基于这种认识，他称自己的工作为"话语"的"话语"。在福柯的认识中，狭义的"话语"，根据哈贝马斯的说法，跟"语言的形式"比较接近。话语是社会化、历史化以及制度化形构的产物，而意义就是这些制度化的话语所产生的。"话语是一种权力关系。它意味着谁有发言权，谁无发言权。一些人得保持沉默（至少在某些场合下），或者他们的话语被认为不值得关注。语言系统在情感和思想层面上产生压制；尽管它是一种隐蔽的、表面上无行为人的控制系统，然而它在社会中是一种真实的权力。"①

在福柯看来，"话语"不仅仅是语言学意义上的"所指"与"能指"，它更是一种"权力"。在社会的发展进程中，统治者为了更好地维护自身的统治，不仅使用物质或情感手段，还会利用一套特定的话语系统来对人们施加某种影响，试图唤起人们对其统治合法性的信赖与尊重。

权力和理性嵌刻于各种话语和制度性场域之中。无论是在哪一种社会背景下，话语就是权力，因为那些对话语有着决定性作用的各种规则，强化了有关何为理性、理智以及真实的判定标准。权力与知识存在的共生关系，显然不能脱离话语的构建。权力是影响和控制话语的根本动力，权力能够创造知识，而权力只有借助话语这一媒介，才能实现其作用。权力借助话语来"发声"，而话语通过掌握权力来"表意"。在各种社会关系中，知识通过话语获得，话语的产生由权力形式来控制、选择、组织和分配。权力能够决定话语中的禁止与排除，也就是说，权力能够决定，什么是合理的语言，什么是不合理的禁语。对话语产生影响的内在因素就是权力。

话语是知识的重要载体，在福柯看来，权力和知识存在着一种紧密相连、休戚与共的关系。知识是这个共生体的表象，但权力是其实质。所谓说话，从本质上来说，就是说话的权力。话语所体现的是一种压迫和排斥的权力形式，它代表某一方，着说明它必定有对立的一方，而与它对立的一方，必定会受到限制。正如福柯在《疯癫与文明》所说明的，谁掌握了话语，谁就拥有了说话的权力。疯子之所以被理性所排斥在外，正是因为疯癫权力的失声。福柯之所以竭尽全力为疯癫说话，目的就是让那些被权力统治所排斥的，处于边缘的群体们说话，让他们能够真正表达出自己的心声。在米歇尔·福柯看来，权力所争夺的重要对象之一，就是话语。如果某种话语是权力无法争夺到的，那么它就不能称为权力。

工业化社会语境下，作为无根的、已被同质的乌合之众的新闻受众被看作缺

---

① （英）约翰·斯道雷. 文化理论与通俗文化导论 [M]. 江苏：南京大学出版社，2001：121.

乏判断力的、易受影响的被动的整体。而在话语研究的范式中，受众成为拥有一定资源、不会完全被大众传播左右的群体，或者是具有交流性、尊重他人不同意见、能够站在对方立场上相互理解的理性人。这里的受众是权力的反抗者、积极的媒体使用者或者是理性的公众。

在鲍德里亚看来，"传媒使大众有机会参与'文化的再循环'，决定大众传播性质的是技术支持和最小公共文化的组合"。同时，"媚俗"在鲍德里亚看来就是"表达阶级的社会预期和愿望以及对具有上等阶级形式风尚和符号的某种文化的虚幻参与"①。

霍尔发现了受众对媒介文本的不同解读模式，肯定了受众在传播中的地位；而大卫·莫利则强调了受众的能动性和积极性；约翰·费斯克更是用独特的"生产性受众观"解释了受众的实践性和创造性。

话语是人们说出来或写出来的语言，按照福柯的理论，它是由语言和言语组合而成的，是一种更加复杂的社会形态，是指与社会权力关系十分紧密的具体言语方式。福柯认为话语"不是自然而就，而始终是某种建构的结果"②。媒体是话语生产、积累和流通过程中的强大机器。作为公共话语的新闻，其结构不仅跟社会实践和新闻制作的意识形态直接联系在一起，而且又跟新闻媒介的机构环境、宏观社会环境产生间接的联系。以报纸新闻为蓝本，荷兰新闻传播学者梵·迪克在他所著的《作为话语的新闻》一书中，从话语的角度出发，对新闻话语的理论构建进行了重新从阐释，在他的观念里，新闻的话语一方面是新闻工作者对新闻文本的构建，另一方面是受众对新闻文本的理解和认知。这些理论都对文本的流动和意义的生产研究有着重要意义。

二、新闻传播在文化传播中的价值研究

（一）新闻传播在文化传播中的价值体现

新媒体时代的到来，使每个人的生活都跟新闻传播产生密切的联系。新闻传

---

① 孔明安，陆杰荣.鲍德里亚与消费社会 [M].沈阳：辽宁大学出版社，2008.
② 刘海龙.大众传播理论：范式与流派 [M].北京：中国人民大学出版社，2008：364.

播是文化传播的重要途径，它不仅能够促进民众文化水平的提升，而且能够促进文化产业和文化产品的发展。

1. 提升民众的文化水平

如今，社会的发展十分迅速，每天都会产生各种新闻。在信息技术、大数据技术和 5G 技术的支持下，信息传播的方式越来越多，速度也越来越快，面对浩如烟海的信息，很多人容易失去判断力，不能从客观的角度来审视各种信息，对于那些不实、负面的信息，不能合理筛除。正因如此，作为新闻工作者，就需要在新闻传播的过程中，保障新闻的真实性和正面性，同时，要注意强调新闻背后所体现的文化价值，使新闻能够得到人民群众的喜爱，为人民群众传递更多有价值、有意义的文化信息。

新闻是文化传播的一个重要途径，并且不难发现，有一些新闻报道正是以文化传播为导向的。当国家发生严重的自然灾害或者其他重大事件时，一般会涌现出很多优秀的新闻报道，这些报道充满真情实感，有着打动人心的力量，能够体现一种自强不息、团结奋斗的优秀文化价值理念。一方面能够引发受众的强烈共鸣；另一方面也能鼓舞民众，促使他们勇敢面对困难，从而促进民众文化自信以及国家文化实力的提升。

2. 新闻传播为文化传播和发展提供了支持

新闻传播注重以事实为依据，向民众宣传正确的舆论导向，与此同时，要借助新闻传播，打造文化自信，塑造民族精神，引导民众在思想上跟党和国家保持高度一致，利用新闻事迹促进社会文化建设。随着时代的发展，国内外各种思潮涌现出来，其中难免存在一些消极主义、拜金主义等不良思想，这对我国社会意识形态将会造成冲击，并且对于思想观念尚不成熟的未成年人的价值取向会产生负面的影响。因此，必须加强对民众的优秀文化教育，通过有效的手段，引导民众构建正确的价值观，让民众形成遵纪守法的意识，使他们能够自觉规范自身言行。作为新闻工作者，在收集和整理新闻素材的过程中，要注意筛选能够体现中华优秀文化和精神的内容，争取借助新闻信息，体现我国文化知识，呈现国家和社会积极向上的精神面貌面貌，同时避免不良思想给人们造成负面影响。新闻传播的重要目标之一就是向民众传播社会主义的目标、价值取向，以及社会当中的良好风气，利用这些新颖的、生活化的信息，引起民众的关注，使民众能够积极主动地接受信息，并在此过程中，感受到新闻信息中所蕴含的文化和精神，从而不断提升自身的思想境界和道德修养，从而促进文化传播的进一步发展。

3. 新闻传播推动文化产业的发展

我国是一个地大物博的国家，并且有着悠久的历史，在这片富饶的土地上，孕育着丰富的文化资源，而新闻传播对文化资源的开发有着重要的作用，能够促进文化产业的形成，推动文化的健康发展。新闻传播就有受众多、覆盖面广、影响力大等优势，所以，在新闻编辑过程中，相关工作人员可以深度挖掘文化内涵和文化符号，争取用多元化手段来展现文化特征，在新闻传播中赋予文化新的审美概念，从而促进特色产业的发展。同时，有些新闻在文化传播时还可以适当跟法律、规章相结合，达到宣传的目的，争取用优质的内容打造新闻-文化产业链条。比如，现在很多新闻经常报道传统手工艺传承人的故事，在讲述其事迹的过程中，带动了我国优秀传统文化和民间手工艺文化的传播，让中国符号得以走向世界，进而推动了很多传统文化产品的销售，形成了特色的文化产业。

（二）新闻传播研究中的"价值理性"

人的活动与动物本能行为最重要的一个区别，就是人不仅仅满足于吃、穿、住、行等基本生存需要的物质满足，还要自觉地探求这种满足的物质（或非物质的）对象对人所具有的价值和意义，进而萌发新的需要和追求。因此，价值理性是人类对价值和价值追求的一种自觉意识，是人们在理性认知的基础上，对价值及价值追求的自觉理解和把握。价值理性在人的活动中表现为价值主体合规律性与合目的性相统一的行为取向，在新闻传播学研究中表现为以下几个方面。

首先，价值理性是一种合规律性、合目的性的理性。价值理性认为，世界唯一的主体就是人，主客分立是自然发展的规律，真正意义上的人来自主客体的分野。价值理性与工具理性不同，它不在于求得完全把握客体本质和属性，当然它并不能摆脱这种把握，但是，它的真正意图在于为主体而忧虑、谋划、服务，它严格遵守"人是万物的尺度"这一原则，它关注世界对于人的意义，客体对于主体的意义，注重人的幸福。新闻本身就是一种以人为主体的传播现象，传播者和受众的主体性是新闻传播研究中亘古不变的主题之一。

其次，新闻生产不回避功利目的，但它并不是以功利作为最高目的，它肯定功利，但同时又超越功利。对于满足人当下的需求，它并不反对，但是，它更注重当下需要的适宜性，并且兼顾人的长远需要。它强调，人本质上是目的而并非手段，人作为手段，只有在以人为目的和出发点的前提下才是合理的。价值理性所强调的合规律性、合目的性，在新闻研究中也应有所体现。新闻传播本身就是为了维护人的各方面利益，为了维护人的尊严，实现人的价值，促进人的全面发展的一种手段。

最后，价值理性有着一定的批判性。一个社会无论处在什么发展阶段，都必然存在一些缺陷，而人又不能脱离特定的社会历史环境，所以，在任何特定的时空中，人总是有缺憾的，人的生存和发展状况都很难达到完美。新闻传播研究对此有深刻的领悟，因此它总要不失深沉地告诫人们，新闻传播研究总是不够完善的，是需要不断改进的，面对新闻传播的现实状况，价值理性所扮演的并不是辩护者或者守护神，而是扮演批判者或者超越者的角色。价值理性作为批判理性，一方面要为新闻业生存发展状况的改善而庆祝；另一方面也要坚持针砭时弊，以客观的角度看待现实研究中的缺陷并致力于改造、完善现有的研究成果和研究方法。

当然，被异化的价值理性往往会导致价值中心论和价值理想主义的错误取向，这种取向在中国新闻传播业中也有所表现。一个典型的例子是重庆卫视的改版。重庆卫视于2011年1月3日和3月1日两次宣布改版，实施"一不二减三增"方案：不播商业广告；减少电视剧和外包节目播出量，且将电视剧清出黄金档；增加公益广告片、城市宣传片和一系列自办新闻、红色文化节目，如《天天红歌会》《民生》《品读》《百家故事台》《原版电影》等。改版后，重庆广电集团因此减少了约3亿的收入，由财政补贴二分之一，再由其他地面频道业务增长补充另一半。重庆卫视取消广告的这种做法，确实赢得了观众的称赞，但是，这种做法无疑是违背市场规律的，因此给重庆卫视带来了很多现实问题。最明显的就是，由于没有了广告收入，重庆卫视要想维持运转，就必须依靠财政补贴以及其他频道的业务支持，而且，在取消商业广告之后，在重庆卫视工作的职员待遇也有所下降。重庆卫视取消广告，给其日常运营造成资金短缺问题，而跟重庆卫视临近的四川和贵州卫视，却因此获得了很多好处。由于少了重庆卫视这一竞争对手，四川和贵州的广告收入大大提升。除此之外，重庆卫视尽管取消了广告，但是其收视率并没有明显的增长。重庆卫视的传播实践也为新闻传播研究提出了方法论上的启示：理论研究也应坚持工具理性和价值理性的有机统一。

三、"跨文化"与新闻传播舆论控制

（一）我国跨文化新闻传播中的常见问题分析

1. 对内对外无区别传播

我国跨文化新闻传播有一个特点就是对内外无区别传播，这是我国新闻媒体存在的一个弊病。目前，我国新闻媒体在对外传播文化的过程中，仍然将对外报道当作对内报道的延伸，所采取的传播方式也比较机械化，毫无创新，导致传播的低效性。另外，在新闻内容的撰写上，很多新闻工作者更看重新闻稿件的宣传，在对外报道时，仍旧采用对国内报道的写法，导致新闻内容冗长，并且节奏较慢、过于严肃、缺乏活泼，这种新闻传播方式实际上对与国际接轨并没有太大的帮助。

我国新闻媒体在对外进行新闻传播的过程中，经常会出现"一个版本走天下"这一现象，也就是说，无论是对哪一个国家进行新闻宣传，内容通常不会加以区分，也不在乎其他国家的民众能否理解、认同新闻的内容，没有考虑新闻传播所产生的实际效果。新闻的接受者在政治倾向、社会阶级和年龄、教育程度等方面都是存在差异的，如果新闻媒体在向国外报道同一新闻内容时，没有考虑到这些差异，使用一样的文稿和强调，那么就无法达到理想的传播效果。有一些新闻报道是具有文化共性的，而有些新闻报道只能引起某类人群的兴趣，比如在介绍一些地区环境特性的新闻报道时，可能只会引起当地人员的注意。

此外，在对外新闻传播的时候，没有对海外华侨、华人、台港澳同胞以及其他国外受众群体之间的特性进行区分，如海外华侨、台港澳同胞以及海外华人这类群体，他们跟国内受众群体之间的文化差异是比较小的，尽管他们受西方文化影响较深，但其心理和情感上，还是认同中华文化，对中华文化有着强烈的归属感。但是，我国媒体在对外进行新闻传播时，并没有区分这类受众群体和国外受众群体，导致他们不能寻求到文化上归属和认同。

2. 缺乏针对性

我国很多新闻媒体在对外进行新闻传播时，对于受众群体的文化背景，并没有进行区分，对受众群体的定位也缺乏准确性和针对性，这就导致对外传播资源的浪费，提高了新闻传播的成本。而所谓的新闻传播的针对性，可以从以下两点进行解读。

第一，对于那些恶意丑化我国形象的西方传媒和舆论，我国新闻媒体要注意收集此类新闻材料，然后根据我国文化背景，借助确凿的事实和真实案例来攻破谣言，从而维护我国的国际形象。近些年来，国外一直都有批评我国无视人权问题的新闻报道，最典型的就是"新疆棉"事件。很明显，西方媒体是想借这一事件给我国扣上一顶"集中营式的强制劳动帽子"，从而达到抹黑我国形象的目的。而国外媒体所给出的"确凿证据"，却是50万少数民族群众公认被强制性地进行季节性采棉工作。针对这一虚假新闻报道，我国新闻媒体就其中几个不合理的地方进行了澄清。比如，所谓的强制和剥削采摘是指新疆到了棉花采摘的季节，但是采摘棉花的人力不够，因此需要聘请一些新疆本地劳动者和外地劳动者来相助采摘棉花，而所谓的高强度劳动，就是采棉工人在良好的工作环境下操作机器进行采棉工作。我们要抓住国外无良媒体故意忽略的事实，用它来击碎那些无良媒体所编造的谎言，将事实呈现在国内外受众群体眼前，只有这样，才能赢得国外舆论的理解。

第二，要针对国外受众群体最关心的事情来选择新闻题材。由于国内外新闻受众群体在政治立场、文化水平等方面存在差异，因此，他们所关注的新闻内容也是不同的，呈现一种多元化特征。比如，国外受众可能对我国某一省份没有太多了解，但是会对该省份的政治、经济、文化和历史产生强烈的兴趣，希望借助新闻媒体的对外报道，了解这些内容。但事实上，我国大部分新闻媒体所传播的内容，并不能满足国外受众群体的需求，比如，我国新闻媒体在对外进行新闻传播时，经常会体现出对和平的热爱，但是，国外很多专家表示，其实在国外很多民众的眼里，中国已经是一个热爱和平的国家，他们更希望了解中国对开放、外资引进等相关政策的态度。此外，中国新闻媒体在对外进行新闻传播时，会重点展现国内的大好河山，但是，国外的电视委员会却表示，对于国外受众群体来说，中国的山水风光确实让人心生向往，但是他们更想知道普通的中国人是怎样生活的，中国的农业目前是什么样的水平、是怎么发展起来的，以及更重要的，中国是怎么养活十几亿人口的。由此可见，当前国内新闻传播最大的问题就是传播的方向和内容跟国外受众群体的兴趣产生了偏差，国外受众群体最想了解的内容，我国新闻媒体并没有充分报道。

从根本来说，我国跨文化新闻传播之所以缺乏针对性，主要是因为媒体对文化没有予以足够的关注，这也是当前跨文化新闻传播效果达不到理想水平的主要原因。因此，要想真正提升跨文化新闻传播效果，就一定要先加强对文化的重视，认清文化在跨文化新闻传播中的作用，了解受众群体真正的需求。在以往的国际传媒发展过程中，不乏一些有突出成绩的跨越文化障碍的新闻传播案例，我们完全可以借鉴其成功经验。

（二）新闻传播舆论控制

舆论的形成和发展乃至沉寂是个复杂的过程。马克思和恩格斯把舆论比作纸币，把观点的传播看作纸币的流通。他们认为报刊在舆论中流通的畅塞与否，取决于它反映舆论的程度，就像纸币必须代表一定数量的价值才能流通一样。的确，报刊不能也不应该强制人们接收某种观点或意见，应当也只能是通过反映舆论来影响或指导舆论。

舆论是自发的，这种自发性使强大性与软弱性共生于舆论形成和发展的全过程，它既是对各种政治、经济权力的制约，也可能受控于政治、经济权力。

舆论发展有着广阔的可能空间和极大的不确定性，各种权力凭借手中的资源掌控舆论就有了可能性，这就是舆论的控制问题。马克思和恩格斯认为，权力对舆论的控制方法主要包括以下几种：公开对抗舆论，当控制者对全局的把握十分稳定时，往往用公开的方式"制服"舆论；争取舆论，通常由施控者用言论或行动影响舆论；利用舆论，以达到施控者的特殊目的；形式上顺应或安抚舆论，使舆论不至于危及自身。

新闻媒介反映舆论，但毕竟是靠新闻手段实现自己的影响，对新闻的选择和建构实质上有了舆论引导和指导的意味。新闻传播的主要作用，就是将分散的、个别的、无组织的一般公众舆论，通过选择、集中和方法，转变成有组织、有倾向性，并且有一定影响力的社会舆论。

控制或者制造舆论一直是一个争议颇多的概念。正如人们对舆论内涵的理解各不相同一样，很多人提出要废止这个概念，从价值判断和道德反思的角度看，这种提法是可以理解的，制造舆论让人自然而然想到思想的钳制、民意的操弄，是和现代政治文明相悖的，也与新闻传播真实、客观的理念不相容。在现有的新闻传播研究文献中，人们不大愿意涉及制造舆论这个话题，但不管承认与否，制造舆论作为一种传播现象一直就存在着。如果说主张废止这个概念代表了一种学术立场的话，那么正视学术逻辑和传播现实，揭示制造舆论的奥秘和动机同样是一种学术担当。

（三）我国新闻传播调控的优化

1. 推动法制进程

一直以来，我国的广播电视媒介管理依靠方针政策和行政手段进行。虽然我国刑法、民法通则、突发事件应对法等都有与新闻调控紧密相关的条文，但是，跟广播电视相关的法律法规并不完善，数量少，且包含面比较窄，法律效力等级较低，并且存在着不配套、不协调等问题，跟形成完备的法规体系还存在着很大的距离，甚至有很多领域，还是法律法规的空白点。

新闻立法问题渐渐凸显出必要的一面。执政党在进行新闻传播调控时，除党纲、党章以外，没有专门的法律规定；我国尚无专门的新闻法、出版法、新闻记者法等；社会集团和行业组织参与传播活动以及媒介行为的管理，也需要以法律为准绳。

因此，广播电视媒介管理需要建设维护新闻自由权利和防止滥用新闻自由的法律体系，建立健全完备的广播电视法律法规体系及依法管理的制度。建立完备的新闻传播法律法规体系是指以《广播电视法》为核心，以行政法规为骨干，以部门行政规章为基础，以地方性法规和规章为补充的系统而完善的广播电视法律法规体系。这一体系的建设要坚持引导性、前瞻性、公平性、强制性、惩戒性的特色。只有这样，这一体系才是科学的、成熟的。

2. 完善监管机制

新闻传播的调控优化意味着政府职能的变化，要加快政府职能向引导、监管、服务的转变：一方面，加强行政管理，规范新闻媒体经营活动，防治"有偿新闻"现象；坚持依法行政、公开行政、公正执法，坚决废止以言代法、以权代法、"暗箱作业"等违法操作行为，保证被监管者也应该依法享有申诉辩护的权利。另一方面，推动新闻传播机构政事分离，从职责、机构、人员编制、经费以及管理方式等方面着手，将政府机构和事业单位分开，切实解决越位与缺位的问题；集中财力、人力办好公益性新闻事业，把新闻传媒产业推向市场，促进新闻传媒产业的多元化、多层次发展。

第三节　新闻传播跨学科理论分析

一、学科互渗及边缘整合

跨学科研究也称"科际整合研究"，它是在平行研究的基础上发展起来的，也可以说是平行研究的当代延伸。比较新闻传播的跨学科研究强调的是新闻传播与其相邻近学科之间的关系以及其边缘领域的特征。

（一）学科交叉与整合的理论参照

从学科发展的历程看，学科发展经历了混沌—类型—细化—交叉与整合的过程。学科交叉与整合完全不同于以前学科存在的形态，有许多问题需要我们研究，所以把跨学科研究限定在一定的界域内，并运用科学的研究方法是我们必须正视的问题，因此，在进行比较新闻传播中的跨学科研究时，必须考虑以下几个问题。

首先，跨学科研究的对象应是一个明确且与新闻传播相关联的学科。这句话包含两层意思：其一，是指相关学科具有学科的独立性。这是因为许多学科是附生于其他学科之上，或者学科本身还不太稳定，其学科建设需要进一步加强。其二，是指学科之间的关联性。无论是自然科学还是社会科学，其学科门类都十分庞杂，即使是一些分支学科，也有复杂的类型，但一门学科不可能同任何其他学科都有关系，这一点比较接近于影响研究的对象关系的确立，是建立在"事实联系"上。尽管学科关系不追求实际的"事实联系"，但必须是邻近，且为理论、实践证明存在关联的，如新闻与传播之间的关系就是如此。

其次，新闻传播与其他学科之间的比较应该是系统的。系统的观念除应用于处理日益爆炸的信息外，主要运用于学科互渗和学科整合问题。系统研究的综合性、整体性、动态性及相对性，为我们的学科研究提供了宏观的理论背景和科学的方法。

最后，学科研究方法的交叉。跨学科涉及不同学科之间的交叉和整合。原先的单学科积累了诸多成果和成熟的方法，所以必要的方法借鉴是需要的。但跨学科弱化了学科之间的界限，因而不能墨守原来单一学科的成规，这点可以说是系统方法的具象化。如新闻传播与伦理学的关系，伦理学需要的推理、甄别，而新闻传播强调的则是当机立断和应激能力。在这些问题上，研究者就应该在弱化双方的基础上，寻找适合两者的具体方法。

（二）与新闻传播相关的邻近学科

人类新闻传播实践活动是以人为主体的，也即通常所说的传播者；传输的对象也是人，即受者，所以，一些以人为研究对象的学科，如心理学、伦理学自然被纳入我们的视野。新闻传播不是传播者与受众之间发生的传播，媒介与传播是伴行的，媒介既可以是文字符号，也可以是声音符号、图像符号，而构筑人类思想的主要媒介是语言（指声音和文字），语言也是新闻传播最主要的手段。我们知道新闻本身就是一种传播活动，传播学的诸多理论与方法都可以直接或间接运用到新闻传播的实践中，新闻传播与传播学的交叉、互融已成新闻研究中最不可小觑的研究领域。再向外推演一步，新闻传播活动是社会性的，这必然与社会政治、经济、文化之间有着不解之缘。以跨学科的理论作参照并依照学科实践，我们可以发现新闻传播与伦理学、心理学、语言学、传播学以及政治学的关系最密切，并表现出学科间的互渗、交叉与整合。

新闻传播与其他学科之间的交叉、整合关系早已存在，但彼此之间互为主体。比较新闻传播的跨学科强调的是以新闻传播为主体，以及新闻传播与其他学科之间的交叉和整合，这样，比较新闻传播的跨学科研究的第一个特点，是新闻传播主体，以其他相邻学科为整体参照。

第二个特点就是交叉性。这是比较新闻传播跨学科研究的基础，也是最显著的外在特质。无论新闻传播研究是否涉及伦理，但在新闻传播实践中，其传播的内容、新闻从业者遵从的职业规范，都涉及伦理。这表现出学科交叉存在的客观性，没有这种存在，也不可能有进一步的整合。

第三个特点是学科整合。整合是新闻传播与伦理学、心理学、语言学的互渗与融合，并形成与此相关联的交叉学科，即新闻传播伦理学、新闻传播心理学、新闻传播语言学。比较新闻传播的跨学科研究主张新闻传播与其他学科的比较研究，立足于整体观照，再研究学科交叉和整合。

二、　新闻传播伦理学科范畴研究

（一）新闻伦理

目前有关伦理方面的研究，已经逐步形成了一门学问，即伦理学。新闻伦理是伦理学的一个分支，也是其重要的组成部分。新闻伦理是随着新闻传播事业的出现而产生的，并且处在不断的发展之中，新闻伦理从广义上理解，是指一切新闻伦理道德行为的总和，用于调整新闻界与社会各个领域的关系，新闻伦理对社会伦理和道德有着重要的影响，对新闻传播中的传播者和受众都有着重要的作用，起着关键的调节、规范作用。

新闻伦理是一种规范和约束，其中包含着新闻道德。新闻伦理与新闻道德联系十分紧密，相互作用、相互影响。在实践的过程中，二者之间有着很多相同的性质和特点，有着很多互通的地方，从作用上来看，都是用于调节新闻传播秩序、维护社会稳定的规范、条例和准则。但是也不可以将二者完全等同起来，它们存在着一定的差异性，二者的表现方式、强制性、适用范围都存在着差别，新闻伦理不仅仅包含新闻道德，还涉及新闻传播活动的一切伦理关系，新闻伦理的要求比较笼统、抽象，是不成文的；然而新闻法规则具有一定的强制性，调整对象一般适用于那些违反法律的人群。

新闻伦理产生和发展的历史已经比较久远了，从早期的传播伦理到近代的新闻传播伦理规范、国外的新闻传播伦理以及现今中国的新闻传播伦理，新闻伦理发展得越来越完善、越来越贴合时代发展的趋势，适用性也更强。

新闻伦理产生于人类的新闻传播活动出现之后，如在古代，传送消息与公文的驿站就已经有了严格的保密制度。随着时代的前进，西方新闻传播活动的兴起，"黄色新闻"随后产生，给社会带来了一些负面的影响。于是"扒粪运动"大规模兴起，以反对一些不合理的媒介行为，从新闻伦理上对大众传媒进行规制。1943 年，世界上第一部职业团体制定的新闻道德规范——《记者道德律》出台，这对当时社会的伦理秩序也产生了巨大的影响。1949 年之后，我国进行了比较全面的伦理建设，出台了相应的法规与条例，如《中国新闻工作者职业道德准则》《关于加强新闻队伍职业道德建设、禁止有偿新闻的通知》《公民道德建设实施纲要》等，我国的伦理建设进入了一个全新发展的阶段。这些都说明了新闻伦理建设越来越完善，也越来越受到人们的重视，新闻伦理向着更加成熟的方向发展。

（二）新闻道德

新闻道德属于新闻伦理的范畴，新闻道德不仅对新闻传播伦理事业有着巨大的影响，还对整个社会的道德状况有着重要的影响。新闻道德也是在新闻实践活动中的一种规范表现，起着调节人与人、人与社会之间的关系的作用，同新闻伦理一样，新闻道德的形式和内容也是随着社会的进步而不断发展变化的。

新闻道德最突出的特点就是没有强制性，更多体现出来的是一种自律性的约束行为，是一种"责任感"的体现。新闻道德通过道德说教、沟通交流、影响感化等方式影响着传播对象，着重强调内心的感化和道德的感知。然而对于新闻传播从业者来说，新闻道德可以主要从"新闻专业主义"方面进行体现，新闻传播者作为新闻传播活动的"把关人"，理应具有高度的责任感和使命感，坚持正确的舆论导向，保持清正廉洁的作风，自觉维护新闻传播的良好秩序。

新闻道德是一种内化的规范，新闻传播者在进行信息传播活动时，要接受并遵守道德规范的相关理念，并将之转化成自我内心的信念，这样才能够发挥出最大作用。社会主义新闻道德是基于道德，结合社会主义国家的具体实际，制定有利于人民大众的道德传播规范。"全心全意为人民服务"和"实事求是"是社会主义新闻道德最基本的内容。

社会主义新闻道德所维护的是绝大多数人民群众的利益，因而区别于西方资本主义新闻道德的表现形式和内容。社会主义新闻道德的核心是要坚持新闻的真实性原则，尊重人民的知情权，并且确保拥有一支高素质的新闻传播队伍，维护媒体的清风正气，坚持政治上正确的导向，发挥正确的舆论导向作用，时刻保障政治上的正确性，发挥团队团结协作的精神，切实将人民的利益作为出发点、立足点，将人民的利益放在首位，坚决不以权谋私。

三、　新闻传播心理学科范畴研究

（一）　新闻传播与心理研究的发展

心理现象极其复杂多样、丰富多彩，它也是宇宙间最复杂的现象之一。早在古希腊时代哲学家就开始讨论人的心理问题，但如果说真正的心理学是以 1879 年冯特的实验心理学正式诞生为标志的话，心理学只有一个多世纪的历史。西方新闻学研究虽然早于传播学，但在进行交叉学科研究时，却只有研究传播学与心理学的交叉学科，出现了所谓传播心理学或大众传播心理学。而我们国家的一些研究者，在 20 世纪 20 年代就开始研究新闻学与心理学的关系，那时候传播学还没有作为独立的学科，所以，中国的研究者一直沿着新闻心理学的研究路子走下来。20 世纪八九十年代，随着媒体介入市场程度的增加，对受众心理的研究才引起了人们的极大关注，新闻心理学研究的范围也进一步扩大，有关传播心理方面的问题也纳入了研究视域，这就出现了新闻传播心理研究。但关于学科研究的拓展，有关学科性质、架构，仍需要我们进一步加以厘清。

（二）　新闻传播心理学性质、内涵及结构

首先，新闻传播心理学是一门科学。其研究目的与方法，有完整的学科体

系，有一套规则。其次，科学规则包括科学原理以及运用原理的方法，规则是科学最本质的规定性。新闻传播心理学的规则是什么呢？即运用哪些原理和方法来解决新闻传播中的心理问题？中国学者普遍认为，新闻传播心理学"运用心理学基本原理和方法"。尽管这种说法过于笼统，又未对心理学与新闻传播心理学的原理和方法作一定的区分，但还是应承认其规则的存在。最后，新闻传播心理学是运用心理学基本原理和方法的一门科学的定义，似乎并没有涉及新闻传播这一特殊学科的特性，所以对其对象及研究范畴的规定是该学科区别于其他学科最本质的规定。具体来看，新闻传播涉及传播者、受众以及传播过程，而传播者既可以是媒体的记者也可以是编辑，记者与被采访对象的互动关系并进而形成的新闻是联系传播者和受众的中介和桥梁。

所以，新闻传播心理学研究的是传播者、受众以及采访和接受过程中各种心理现象和规律，尽管我们的研究者在这方面的表述各有侧重。综上所述，新闻传播心理学是运用心理学的基本原理和方法研究新闻传播过程中传播者、受众的心理特征，以及在采访和接受过程中的传受双方心理活动规律的一门科学。当然，这样的定义很难说是完善的，但它在某种程度上揭示了新闻传播心理学的一般性特征。为了进一步认清其学科特点，我们再来看一看学科整体性质。

新闻传播心理学是新闻传播与心理学交叉而形成的边缘学科。新闻传播心理学属于新闻传播学的分支，而不是心理学的下一级学科。新闻传播心理学研究的对象是传播活动中的人，因而属于社会科学的范畴。因此说，新闻心理学是一门属于新闻传播分支的学科，是新闻传播与心理学相融合的边缘学科，属于社会科学范畴。它具有理论性、综合性和实践性的特点。

新闻传播心理学的学科内容主要由两方面构成：其一，以新闻活动作为线索，也就是对新闻工作者、采访对象和新闻受众心理活动的特点和规律进行探讨；其二，以任务心理活动作为线索，对新闻工作者、采访对象和受众在新闻活动中产生的各种心理活动及其互动关系进行探讨。

（三）新闻传播受众心理特点

1. 求新心理

喜新厌旧是新闻受众普遍存在的心理特征，他们往往只对新鲜事物产生兴趣和好奇心，希望通过了解新事物来拓宽眼界、拓展知识面。而有些媒体在新闻传播的过程中，只知道迎合受众的口味，制作"星、性、腥"的社会新闻，这样的新闻只能满足受众的一些低级趣味，毫无新闻价值，对社会的发展进步也是十分不利的。

2. 求真心理

新闻的第一生命力就是真实，并且，新闻受众也往往有着强烈的求真心理，对于一则新闻消息，受众不仅希望看到的是最新的消息，同时也希望是真实可靠的消息，只有这样，新闻才具有说服力。但是，有些新闻媒体为了得到更多关注，在新闻报道中往往扭曲事实，甚至直接造假，并没有站在公正客观的立场进行报道，这严重违背了受众的真实意愿，使得媒体的公信力大大降低。

从目前来看，一些权威的新闻媒体，比如人民网、央视新闻、新华社等，对新闻传播的真实性都有严格的把关，正因如此，它们才有较强的权威性，才被人民群众所认可。

3. 求近心理

在新闻传播中，所谓求近心理，就是指新闻信息中跟受众有关系的新闻，往往更能引起受众的关注。也就是说，新闻信息中越是跟受众生活关系密切的信息，越能使受众产生共鸣，从而促进新闻的传播。对此，在新闻传播过程中，要想拉进新闻和受众之间的关系，可以尽量选择跟受众生活比较贴近的方式来传播，这样能够有效提升新闻的价值。

四、　新闻传播法制建设分析

（一）　新闻传播法制学科概念

新闻传播法制是一门边缘性学科，是法制在新闻传播中的具体实施。它包括立法机关或其他相关的行政部门制定的有关法律规范，以及由此而形成的法律秩序。新闻传播法制同样包含着立法、执法和守法。立法主要是指具体的法律规范，如法律、法令、条例等；执法是具体的职能部门对违法者的强制性行为；守法是要求新闻传播者必须依法行事，无论是采访，还是在新闻传播活动中都必须守法。加强新闻传播法制建设首先必须完善新闻传播法律、法规体系，这是加强新闻传播法制的基础。

（二）我国新闻传播领域法制建设存在的问题

首先，新闻传播主体的权力和义务尚不够明确。跟禁止性规范相比较，新闻传播主体的授权性规范不够全面，很多传播主体应该享有的权利，并没有落到实处，没有成为法定权利，比如采访权、传播权和报道权等。还有一些虽然被法律所承认，但由于所处的法律效力等级层次较低，而不能确保全部权利得以有效实现。比如，当舆论监督权和名誉权产生冲突时，由于名誉权相关的法律较为完善，就导致两种权利出现了大小之分。

其次，新闻媒体的法律地位问题。在我国现行法律中，并没有对新闻媒体的法律地位进行法律界定，其所享有的法律权利和应尽的义务也就不能得到保证。在社会上，普遍存在虚假新闻、有偿新闻以及新闻侵权等现象，这跟法律规定的不完备有着密切的关系。当然，随着普法教育的完善，人民的法律意识越来越强，新闻传播改革已经是势在必行，新闻传播的法律完善也将保证新闻事业的健康发展。

最后，在我国法律体系中，新闻自由还没有完善的条文规定，目前还停留在学术研究的层次。从法律监管的角度来说，新闻自由的泛滥在很大程度上是我国自身新闻法律监管不完善所导致的。正是因为没有明确的法律规定，导致对媒体自身的监管缺乏相应的法律约束，而这种现象也十分容易产生新闻腐败。

第三章　新闻传播理论的实践

从广播电视的萌芽、发展到成长、壮大，每一步都与现代传播技术的进步密不可分。本章节内容为新闻传播理论的实践，主要从新闻传播理论范式的实践导向和新闻传播理论的实践领域两个方面展开论述。

第一节　新闻传播理论范式的实践导向

一、强化新闻传播理论范式的实践导向

在媒介过剩、注意力稀缺和受众"碎片化"的生态环境下，新闻媒体处在意识形态领域的前沿，面对着越来越激烈的传媒市场竞争，如何扩大传播力、如何促进新闻事业的发展，成为重要的实践问题。而新闻学理论研究的实践目标，正是扩大媒介传播力，培植媒体公信力，铸造传媒品牌影响力，增强舆论凝聚力。

（一）强化理论范式对扩大媒体传播力的实践导向

1. 加强新闻价值理念对扩大媒体传播力的导向

媒体传播能力不仅是传播内容所决定的，同时也受到先进的传播手段和传播理念的影响。新闻价值所具有的时新性、显著性、重要性等特征，给扩大媒体传播力以理论依据。从新闻事实的角度出发，抓住具有重要性、趣味性、即时性和接近性的新闻事实，是解决媒体传播力问题的重要举措。一则新闻能够让人们将它完整地看完，其理由无非是新闻内容对人们产生了吸引力。但是，在实际的新闻传播中，对某些价值要素的强调和省略、事实的叙述顺序、版面位置编排等都是对原来事实价值的重组和再生产，这些都会对媒体传播力的导向产生影响。

2. 增进传播内容创新对扩大媒体传播力的导向

新闻的注意力和影响力是在传播的基础上实现的，要扩大传播力和创新传播的内容，必须提高传播的强度与深度。内容是现代文化生产力产生与壮大的载体与基础，是媒介生产和传播的核心，凝结着民族历史发展的文化传统和心理积淀，反映出时代发展的脉络，从根本上决定了传播力的大小。在这里，贴近实际、贴近生活、贴近群众，是创新传播内容的重要途径，其含义是用体现社会主义核心价值体系的内容产品引领多样性的社会思潮和精神追求，把社会生活作为内容产品创作的重要源泉。我国新闻事业在长期的实践中形成了许多优良传统，需要我们很好地继承和发扬，并通过新闻学的理论梳理对它进行发展和创新。面临着国际国内新闻竞争的严峻形势，在激烈的传媒竞争面前，坚持不断创新，积极拓展媒体的创新力是最好的出路。只有用创新的意识和创新的思维，在观念、体制、机制和传播手段上不断有所创新、有所变革，才能促进各项事业的不断发展。

(二) 强化理论范式对提高媒体舆论引导力的实践导向

在新的时代背景下，我们所面对的客观世界发生了很大的改变，不再像过去那样单一，已经呈现出纷繁交错、复杂多变的趋势：一方面，每天都会涌现出很多新的事物；另一方面，事物之间的联系和作用更加错综复杂。同时，人们的思维方式、价值观念也在不断变化。在这种形势下，事物发展的本质规律往往被现象的东西所掩盖，事物之间相互作用的关联度越来越强，事物发展变化的过程也将突破常规，人们对于同一个问题也就容易形成不一样的认识。这时候，增强新形势下的媒体舆论引导能力就显得十分重要。

1. 在新闻实践中体现舆论功能

新闻具有反映舆论和引导舆论的作用。所谓新闻舆论监督，从本质上来说，就是人民群众通过新闻媒体对国家事务和社会公共事务进行的监督，这是人民群众广泛监督的客观反映，这是新闻反映社会舆论的一种体现。同时，当社会上发生某一重大突发性事件时，又需要媒体对舆论进行引导，使社会舆论从无序走向有序，从分散走向集中，并最终导入正常的轨道。在新闻实践中，媒体的舆论引导有着非常重要的作用。媒体主动参与到议程设置，能够充分发挥引导公众关注重点和方向的作用，在发生重大突发事件时，媒体的及时报道，一方面能够满足民众知情的意愿；另一方面，又能通过对报道尺度的把握，来起到安抚人心的作用。和谐是一个社会长期发展的目标追求，媒体注重社会意见的传达和疏通，对引导全社会理性思考能够发挥重要的作用。

2. 在新闻实践中提高舆论引导力

随着新闻传播事业的发展，新闻媒体的舆论引导力得到更多的重视。如今我们处在一个媒介化的社会中，公众是否接受被传播的信息，与承担传播任务的新闻媒体是否被公众信任有着密切的关联。目前，新闻学理论对于新闻价值十分看重，这在一定程度上忽视了价值导向，在提高舆论领导力方面，与实践脱节的现象十分明显。首先，对于热点问题的报道，容易被经济利益所影响，忽视舆论导向的作用。其次，在对受众的考量上，容易顺势而走，忽略了引导的重要性。我们要站在改革开放的浪潮中引导好舆论，抓住新事物、新趋势和新动向，形成舆论力量。要切实抓好三个方面：第一，要抓住社会公众关注的焦点，对此及时进行有效的引导，从而增强权威性，赢得民众的信任；第二，要抓住媒体和社会公众的契合点，融通新闻舆论和公众舆论，从而产生共识、共鸣、共振；第三，要紧扣公众的疑虑点，真正做到为人民群众答疑解惑，从而进一步强化新闻媒体的舆论领导力。目前，媒体已经发展到了聚合的时代，现代传媒的特点可以概括为速度、宽度、深度、信度。跟世间其他事物一样，各种新闻事件之间也是存在联系的。传统的单向思维、平面思维，所构成的因果逻辑关系，以及抽象的二极思维所形成的非此即彼的思维方式，是无法对现实生活的复杂性、多面性进行准确描述的。因此，新闻学理论研究要跟不断发展的社会现实进行密切联系，要为媒体的发展提供坚实的理论支持。

二、　当代中国新闻传播学研究的范式创新

（一）　构建融通中外的中国新闻传播学知识体系

构建中国新闻传播学的学科体系、学术体系、话语体系，是所有新闻传播研

究者所面临的重要学术问题，也是中国学者必须承担起来的学术使命。目前来看，新闻传播学的发展处在新的历史节点，这是理论范式创新的主要动因：从党和国家建设的角度来说，我国目前已经踏上了现代化强国建设的道路；从社会发展的角度来看，我国目前已经进入到"新发展阶段"，正致力于推动共同富裕，促进人的全面发展和社会的全面进步；从国内外形势来说，在百年未有之大变局下，我国所面对的，是更加复杂的国际环境，当前最突出的全球现象就是国际舆论斗争；从媒介技术的发展来看，目前互联网已经成为社会结构的基础设施，也是人们日常生活的重要工具，数字社会形态正快速向我们走来。在这一背景下，新闻传播学主要研究的对象和问题也发生改变，这就构成了理论范式创新的逻辑起点。首先是新闻业形态的数字化和社会化，以职业新闻为主导的新闻传播活动将向更加广阔的社会活动演变；其次是新闻传播实践主体发生变化，从以人为主体向"人机共生"的多元主体迈进；再次是传播方式、形态与关系的变化，从以精神交往方式为主朝向全域形态的交往关系；最后是新闻传播活动角色与功能的变化，新闻传播活动与国家和社会治理之间形成了新的结构性关系。

（二）全面反映马克思主义新闻观中国化的最新理论成果

哲学社会科学一般具有鲜明的本土性、时代性和实践性特征，中国的新闻传播学研究，也一样不能离开当代中国的新闻传播实践，理论创新首先需要找到一个稳固的支点，否则就会跟现实严重脱离。

当代中国的新闻实践、传播实践、媒介实践是比较丰富的，在实践过程中，也积累了很多创新的思想成果。新闻传播学研究应该全面反映马克思新闻观的最新理论成果，要对中国新闻传播活动的历史经验进行全面的梳理和总结，争取真正体现中国概念、中国立场和中国视角。马克思主义新闻观的理论来源是马克思、恩格斯、列宁关于新闻宣传舆论等方面的论述和思想，一百多年来，经过一代代中国共产党人执着的努力，将马克思主义新闻观的基本立场、观点、方法和中国的实际结合起来，有效地推进了马克思主义新闻观的中国化进程，产生了与中国的新闻传播实践紧密结合的创新思想和理论体系。

概括来说，马克思主义新闻观中国化的理论成果体现在新闻传播的多个方面，包括本体论、认识论、价值论和方法论，还包括党管媒体、党性原则、党性与人民性相统一、政治家办报、全党办报、群众办报、新闻传播规律、舆论导向、正面宣传、媒体融合、国际传播等核心概念与理论架构。党的十八大以来，以习近平同志为核心的党中央对新闻舆论宣传工作予以了高度重视，提倡"大宣传"这一工作理念，大力推动网信事业发展、媒体融合发展、国际传播能力建设等工作，形成了马克思主义新闻观中国化的最新理论成果。

这些理论成果，不仅是我国宣传思想和新闻舆论工作的指导思想，也是当代中国新闻传播实践的最新理论总结，在一定程度上体现了中国话语、中国风格、中国气派。当代中国新闻传播学研究的基本立场是，立足于马克思主义的观点和方法，以习近平新时代中国特色社会主义思想为指导，全面反映马克思主义新闻观中国化的最新发展和理论成果，对习近平总书记关于党的宣传思想工作、新闻舆论工作的重要论述精神予以充分吸收，争取构建具有中国主体性的新闻传播学概念体系、理论体系和话语体系。新闻传播学学术体系的构建是十分重要的。在此基础上，当代中国新闻传播学研究的范式创新还要致力于从更宏观、整体和历史的维度，从人类文明交流和文明互鉴的视野出发，审视中国与世界的关系，"通过中国认识世界""在世界中发现中国""为世界的发展贡献中国理论智慧"。通过全面地、系统地、整体地分析中国实践与全球实践的关系，在坚持意识形态可控性、传播自主性、文化主体性的前提下，与西方的传播政治经济学、传播学批判研究、文化研究等形成平等的对话、交流、合作、互鉴，"以我为主""求同存异"和"美美与共"。

第二节　新闻传播理论的实践领域

一、　新闻传播研究理论与实践的关系认知

（一）新闻传播实践"孕育"新闻传播理论

根据马克思主义思想，我们可以知道，理论是从实践中产生的，新闻传播研究理论与实践也同样存在着一种包含的关系。我们应该认识到，新闻传播理论的

生命力是十分强大的，它一直跟随新闻传播实践不断嬗变、完善和发展。新闻传播实践对新闻传播理论的发展和完善有着重要的促进作用。在政治全球化、经济全球化、文化全球化的背景下，各国在国际舞台上开始了软实力竞争。实行改革开放以来，我国新闻传播实践迎来了良好的发展机遇，从一定程度上来说，中国改革开放取得伟大成功的历程，就是中国新闻传播实践发展取得辉煌成就的直接印证。在中国共产党的正确领导下，新闻工作者们充分发挥自身的力量，新闻传播成功扮演了各地区、各民族联系的"纽带"角色，为了保证中国内部稳定、促进中国繁荣发展，作出了卓越的贡献；与此同时，新闻工作者在新闻传播实践中，严格遵守"谨言慎行""握好笔杆子"的原则，为公众呈现真实的中国和世界发展的历程，这有效促进了中外信息交融。新闻工作者们在长期的新闻传播实践过程中，总结除了具有中国特色的新闻传播理论。在这里需要强调的是，中国新闻传播理论的形成和发展，跟新闻传播学学科的形成和发展有着很多相同之处，二者都是从新闻传播实践发展起来的。

（二）新闻传播理论反作用于新闻传播实践

在新闻传播理论的支持下，新闻传播实践能够有效应对复杂多变的新闻传播环境，能够处理好新闻传播实践所面临的各种现实问题。在信息化、数字化和全球化的时代背景下，新闻传播实践面临着更加深刻的环境，这使得新闻传播实践所面临的难度大大增加。特别是在信息化时代背景下，在互联网、大数据等技术的推动下，传统传媒格局正在发生转变，传播秩序被重新建立。最为典型的就是，在新闻传播实践中，以"双微一自"（微博、微信、自媒体）为代表的新媒体组分正在发挥越来越大的作用。新闻传播实践正慢慢从传统的专业化媒体机构传播向公众参与的大众传播方向转变，传播机制逐渐从"党政主导传播"转变为"社会多向传播"，传播范围也由"单一、局部地区传播"向"跨地区、跨时空"转变。新闻传播理论实际上是对新闻传播客观规律的总结和归纳，是在长时间的新闻传播实践中总结出的珍贵经验，新闻传播理论就像旗帜一样，它能够从新闻传播制度构建、内容生产、传播渠道优化等角度出发，助力新闻传播实践对复杂环境的应对，使新闻传播实践技巧性、艺术性都有所提升，提升新闻传播实践的效果，更好地适应新时期新闻传播实践的发展需求。

二、 新闻传播理论在数据新闻领域中的实践

数据新闻，又称数据驱动新闻，它以数据为基础，对数据进行筛选和整合，通过数据中体现的信息，形成新闻故事。

（一） 数据新闻的内核：数据与新闻性的紧密结合

1. 客观全面的数据

数据新闻的数据来源可以分成两个类别，分别是引用数据和自采数据。一般来说，引用数据中会包含官方数据、非官方数据、机密数据等。其中，政府机构所公开的数据，就是官方数据，这样的数据一般权威性较强，也是我国数据新闻最主要的数据来源。而非官方数据一般是来自第三方调查机构，在使用非官方数据时，一定要考虑其准确性、权威性，只有这样，才能避免影响新闻本身的客观性。机密数据在使用的时候一般会比较谨慎，一定要在获得授权之后才能公开报道。

所谓自采数据，就是媒体通过调查、数据挖掘所得到的数据。在采集原始数据之后，还要进行清理，也就是将无用的数据剔除，最大程度上保证数据源的科学性。在采集和处理数据的过程中，要注意数据的全面性和客观性。全面性主要是对数据的样本量提出要求，如果数据样本太少、数据涵盖范围太小，就会导致数据分析结果的偏差，进而降低新闻的真实性。客观性则要求数据的来源不被主观所影响，同时在处理数据的过程中，坚持"数据即消息"这一重要原则，要避免为了制作新闻而对数据进行选择性使用。总之，数据新闻的根本是客观且全面的数据。

2. 科学的数据引证

数据新闻制作的一个关键环节就是数据引证，如何对采集到的巨量数据进行科学的分析，是数据新闻实践者需要思考的重要问题。对于不同的数据类型，要采取不同的分析方法，比如针对两组或两组以上的同类数据，可以采用横向或纵向的对比分析法；对于同一事件中两个存在关联的数据，可采取相关分析法。对

于不同的数据类型，必须采取合理的分析方法，只有这样，才能突出数据中的关联性，最终呈现出合理的分析结果。另外，对于数据分析所得出的结果，也要反复质询，最大程度保证结果成立，反之，就会导致新闻失实。作为数据新闻的从业者，在分析数据时，要根据其特征采取合适的统计方法，并且还要重视数据的质询和验证环节，确保数据能够反映结果，结果符合数据逻辑。

3. 合理的可视化呈现

数据可视化技术，比数据新闻的产生要早，目前，这一技术已经广泛地应用于各行各业的研究分析中，通过简明的图标、交互性强的 H5 界面、生动的视频动画等形式来呈现数据分析的结果。在新闻传播领域，数据可视化技术在数据新闻中得到应用，跟简单的图片、数字罗列有着明显的区别，该技术以专业的视图效果来呈现新闻内容，达到易于理解、广泛传播的目的。可视化呈现，是区别传统新闻和数据新闻的重要因素之一。目前，国内数据新闻所使用的可视化呈现，一般是从作者视角切入，受众在阅读的过程中，就好像在阅读传统新闻，始终跟随作者的思路，受众跟新闻的交互性较低。短视频、H5、VR 技术的诞生，给国内数据新闻的发展提供了新的思路，即从受众视角出发主动探索新闻。数据新闻中的可视化，就好比一个载体，受众可以自主操作，来了解不同的故事线，形成自我视角下的数据新闻。除此之外，在可视化呈现中，要对数据进行合理的展示，不能对数据进行二次加工，不能对受众产生误导，这是数据新闻从业人员所必须遵守的原则。

4. 新闻性及内容叙述

数据新闻的本质是新闻，而并非数据。随着数据新闻的发展，逐渐暴露出很多问题，比如新闻价值偏差、新闻意义缺失等。这是因为数字传播代替了原来的传播模式，在互联网的支持下，受众不再仅仅是信息接受者，他们同时也是信息解码者和信息传播者。从海量数据中所呈现出的信息，不再仅仅由专业媒体进行解读，受众也可以从个人的视角出发，对这些信息进行解读和传播，而受众个人视角的信息传播，会在一定程度上对新闻本身的客观性造成影响。与此同时，数据新闻的从业者也不全都是受过专业新闻培训的人，其他人也可以加入其中，比如前端设计人员、后端支持人员、专业统计人员以及数据分析员等等。在数据新闻生产的各个环节，传递出的可能含有主观色彩的信息，这种情况会导致数据新闻的新闻性偏移。正因如此，数据新闻的新闻性也应当被考虑为构成要素中必不可少的一个。同时，作为新闻本身，新闻内容的描述贯穿在整个数据新闻制作的过程中，怎样利用数据讲好故事，是数据新闻获得成功的关键要点。

（二）数据新闻中的传播要素

如果我们翻阅史料去看上世纪报纸上的一则新闻，再选取一则现代新闻，我们会惊奇地发现：二者除了报道的事件不同之外，其结构都惊人的相似。这是因为它们都具备被称为新闻内核的新闻五要素，即读者可以清晰地描述出什么人（who）在什么时间（when）哪个地点（where）发生了哪些事情（what），是如何（how）发生的。也有人会说：那么这么多年新闻一直是在止步不前么？这个问题的答案，不能以偏概全的说是或者不是，新闻确实在进步、在改变，但是文字新闻的本质没有变化。写出一条有关未成年人教育系统的新闻要历时很长时间，而现在所花费的时间并不需要太长。随着新型社交工具和平台的出现，一则新闻产生的流程缩短到了几分钟。一些新闻由于信息采集或者信息发布环节出现纰漏，使受众产生了疑问，或者所表达的信息不明确，但是由于社交平台和工具的普及，很快就会被其他信息源所发布的信息所解释。在纸媒时代不被人关注的新闻，可能在数据信息时代几秒钟就有数十万人进行传播、千万人阅读，成为一个社会热点。这就是量变引发质变的体现。

（三）数据新闻传播模式

对新闻数据的传播过程进行分析，首先要确定数据新闻的传播主体。随着时代的发展，信息采集变得越来越容易，数据开放程度也越来越高，数据新闻 App 的应用也越来越广泛，在这样的背景下，数据新闻传播主体可以分为三类：一是数据提供者，主要是指大众在日常生活中所产生的大量数据；二是发起者，主要包括企业、组织机构和数据新闻记者等；三是生产者，主要包括数据新闻团队和数据新闻记者个人等。

一般来说，数据新闻的数据提供者、发起者和生产者之间，存在着三种合作方式：第一种，是企业或者机构组织作为发起者，跟数据记者合作生产数据新闻；第二种，是由数据新闻记者自发从数据提供者提供的海量数据中提取挖掘出有用的数据，并进行分析，进而呈现的数据新闻；第三种，是由传媒集团或者个人根据社会热点问题发起，在广大网民的合作下提供生产者所需数据，然后由数据记者整合数据完成数据新闻报道。数据新闻的编码环节是对信息生产者编码能力的考验，信息的生产者将观点进行整合，然后利用相应的技术进行加工和编码，这一过程会被很多外部和内部因素所影响，其中，外部因素包括数据处理技术等，内部因素包括生产者自身专业水平、社会背景等。可视化，要搞清楚数据新闻与可视化的关系，避免盲目追求视觉效果，了解数据新闻与数据的结合点，巧用数据，妙用数据。在此基础上进行编码才能使信息的传播更具有目标性，提高了信息传递的实效性，最大限度地利用资源。无论是从既有数据中挖掘出新角度的数据新闻还是带着既有新闻去挖掘数据增强说服力的数据新闻，传播主体进行传播活动都有其主线和主题，这种主题的形式可能有很多，都是通过这种形式的信息传播，去阐述一个新闻事件，使读者在获取信息时有较好的反馈活动。随着读图时代的到来，受众越来越少地沉浸在一则新闻叙事中，这也决定了数据新闻的设计和编排要能够在短时间内引起读者的注意并完成信息传播的目的。简洁明了的表达、夺取眼球的呈现、引人入胜的选题都是数据新闻吸引人眼球的重要因素。追求视觉效果，与追求数据新闻的故事表达并不相斥，就这一点而言，数据新闻传者要把握好可视化的一个"度"。传播渠道的不同是传统新闻与数据新闻的主要区别之一，数据新闻传播的移动终端种类更广，也更为方便，如手机、笔记本电脑等，摆脱了传统通过广播报纸电视获取新闻的束缚。

其次，新媒体作为数据新闻传播的主要载体，不仅是数据新闻的发行渠道，也是数据新闻的反馈途径，它改变了传统新闻各种新闻职能相互独立的现状，使数据新闻变成一个新闻的发布和接受反馈的平台，兼备的两种功能，由于这种功能的兼容性，使得数据新闻在信息传播过程中更容易被"噪声"干扰。根据受众对数据新闻关注度的高低，可对受众进行定制传播。一般来说，数据新闻这种形式，本来就容易得到高关注者的青睐，高关注者一般会主动关注数据新闻网站，或是在一则新的数据新闻发布时积极查阅。高关注者诸如转发一类的口碑传播行为可以促使低关注者尝试建立对数据新闻的认识。虽然高关注度者具有较强的主动性和互动性，但是低关注度者在数据新闻传播过程中的地位同样重要。在与数据新闻作品互动行为的同时，传播主体能够通过互联网在第一时间获得受众反馈。

三、　新闻传播理论与旅游传播的融合

（一）旅游传播要素分析

1. 旅游信息传播者

所谓旅游传播者，就是指传播旅游信息的人，同时也是信息的发布者，其主要任务就是引起受众对信息的好奇心，从而占据主导地位。要想做好旅游信息传播，首先要清楚传播的途径，比如说当地的旅游公司，或者是外地的游客，都可以作为信息传播的媒介；还有，不能忽视当地政府的力量，因为政府发布的指令，往往具有较强的权威性。

2. 旅游传播信息

旅游传播信息是旅游传播中的重要因素，对传播内容的要求就是真实、可靠。但是，事实上的内容是不能直接进行传播的，而是要用合适的符号来代替。然而，信息符号有着一定的复杂性，所以，在传播之前，有必要对相关的信息符号内容有足够的了解。旅游信息符号又被分为语言符号和非语言符号两种。其中，旅游的语言符号，主要是用来对旅游进行宣传，可以理解为广告推销。而旅游信息的非语言符号，则包括视觉和嗅觉等方面的符号，比如旅游景点、标徽、标准字，就是视觉性符号。行为性的符号是指动作上的符号，有着较强的抽象性，它包括当地居民的一些行为符号，还有游客在当地的行为符号。听觉符号更容易理解，当地的一些鸟鸣声、流水声等自然发出的声音，还有商贩吆喝等人为发出的声音，都属于听觉符号。还有一个是嗅觉性符号，比如在当地闻到的大自然的清香，或者当地人做出的食物的香气等。

3. 信息传播的途径

信息传播的途径也就是如何去传播，向他人传递旅游方面的信息。而为了传播旅游信息，媒体又被分为了几大类，分别是文字传播媒体、语言传播媒体和视

觉传播媒体。

4. 旅游信息受传者

旅游信息的受传者，或者说受众，就是我们进行信息传播的对象。受众不一定是指个人，还可以指某个团体。当然，并不是每个人都可以成为受传者，不同的人对受传者有不同的理解。首先可以优先选择的是有能力支付旅游费用的受传者，也要具备一定的判断能力，还有较强的针对性和选择性，因为不同的人接受的东西是不一样的，所以要注意观察，这点很重要。受传者可以是游客，也可以是当地的居民。

（二）旅游新闻宣传中的原则

1. 真实性原则

只有具有真实性，新闻才具有生命力，这是新闻本身的规律所决定的。首先，真实是新闻自身生命所必须具备的素质；其次，新闻依靠其真实性而存在；再次，真实也是历史对新闻提出的要求。如果旅游新闻报道脱离了真实性，那么必定会受到人们的谴责。因此，在旅游新闻宣传中，必须要严格根据新闻的规律办事，要结合旅游产品的特性来做好旅游开发和宣传促销工作。在旅游新闻报道中，我们应该从新闻价值规律出发，选择真正具有新闻价值的旅游事件进行报道，并且，在报道中，要始终秉持实事求是的态度，不能夸张，也不能炒作，要保证新闻事件的真实性，保证新闻局部和总体的统一性。除此之外，还要揭示出新闻事实的本质。只有达到这些要求，才能长久地吸引顾客，从而达到更好的宣传效果。

2. 贴近性原则

新闻宣传的内在要求有三个，分别是贴近实际、贴近群众、贴近生活，这也是增强新闻宣传效果的重要手段。要做到这三个"贴近"，就要从实际出发，一方面要善于捕捉那些表象的、具体的事实，另一方面还要发现那些带有全局性、前瞻性的问题；不仅要引领群众做好当前的工作，还要顾及长远的目标。要真正做到"三贴近"，就要注意改变文风、改变作风，要注意增强报道的针对性、时效性、实用性。大力宣传党和政府的各项重大举措，是宣传思想工作的分内之事。要做到这一点，就要尽可能地强化报道的可读性、亲和力。还要善于选择角度，从受众心理出发，做到地域的贴近、心理的贴近和利益的贴近。

3. 针对性原则

旅游新闻宣传不应该是盲目的、没有明确目标的，而应该充分利用现代传播理念——分众化理论，使内容的选择、节目的形成和传播的对象都具有针对性。西班牙在这方面提供了很好的范例。他们每年都投入很多精力，制作大量精美的广告、画册、旅游手册等，在世界各地进行宣传：在经济发达的欧美地区，他们打出"阳光普照西班牙"的口号，主要介绍休闲度假产品；对东南亚、南美洲市场，则打出"冒险与史诗"的口号，其主要卖点就是探险和文化旅游等……不难发现，现代旅游者由国际社会的各界人士组成，他们在地域、习惯、收入、爱好等方面都存在差异，其出门旅游的动机，以及所倾向的目的地，也是不同的，有人喜欢到名山大川去亲近自然，有人却喜欢到主题公园参加娱乐活动。只有合理采取针对性较强的宣传推介，才能保证旅游产品适销对路，从而满足国内外游客不同的需求。西班牙的旅游业这样兴盛，不仅是因为本身的"软硬件"设施较好，还在于他们采用了比较灵活的、针对性较强的宣传措施，能够准确抓住市场定位，同时又能细化客源市场，从而实现宣传效益与促销效益的双丰收。西班牙在旅游宣传方面的成功经验，是非常值得我们学习和借鉴的。

4. 立体可持续原则

可持续发展是人类进入 21 世纪的共同科学选择。所谓可持续发展，就是追求人口、资源、环境的协调发展。不仅是旅游业，其他所有产业也都必须遵循可持续发展这一重要原则。全世界范围内的旅游发展都应该把可持续发展作为基本原则和指导思想。可持续发展的理论要求人类对资源的开发利用有一个合理的"度"，反对不顾及子孙后代的掠夺性开发。在兼顾人类长期利益和现实利益的前提下，搞旅游要科学开发资源、合理配置资源，使旅游业与旅游地的自然环境、社会经济结构和文化习俗等方面保持和谐。可持续发展要求我们旅游新闻宣传在宣传的切入点上要考虑宣传的"度"，要多从人口、资源、环境的协调和谐发展为出发点，具有长远的眼光，要有综合大局观。

5. 讲政治、求双赢原则

实事求是、一切从实际出发，是我们工作的出发点，也是检验我们工作的重要标准。新时期，我们的旅游新闻促销宣传应该依据我国的实情进行。我国目前还处在社会主义建设的初级阶段，不可避免地会存在许多不足。因此，我们的宣传报道要讲政治，既要追求经济效益又要考虑社会效益，要有积极的建设态度，多给旅游业以支持，多从正面报道，发挥媒体宣传的积极建设作用。另外，我们没必要回避负面问题，要积极对待，认真发现有利的因素，多从建设角度报道。

第四章　新闻传播理论在旅游传播中的实践

传播的本质就是进行信息传递与共享，而旅游活动本身也是文化信息的传播过程。本章节内容为新闻传播理论在旅游传播中的实践，依次介绍了旅游和新闻传播的关系，旅游传播的性质、特点与功能，旅游传播的基本原理，旅游传播过程中的要素分析四个方面的内容。

第一节　旅游和新闻传播的关系

从旅游与传播的定义来看，旅游是非定居者出于和平目的的旅行和逗留而引起的现象和关系的总和；而传播是一种社会性传递信息的行为，是个人之间、集体之间以及集体与个人之间交换、传递新闻、事实、意见等信息的过程。两者既有必然的联系，又有明显的区别。其联系突出地表现在：两者都讲求信息上的互动与交流，旅游活动的诞生还进一步促进了传播的纵深发展。其区别是：旅游不仅仅是一种传播活动，更是一种社会休闲行为；而传播现象在旅游活动产生之前就以某种特定方式存在，传播在一定程度上独立于旅游之外。

一、旅游是一种独特的传播活动

传播的本质就是进行信息传递与共享，而旅游活动本身也是文化信息的传播过程，两者的共同目的都是讲求文化信息交流。旅游是人们为了休养、娱乐和运动等目的，离开日常生活范围所进行的暂时性的地域空间移动。旅游本身就是文化信息的传播活动，是知识资讯和情绪资讯的最广泛的传习。

一般来讲，旅游者出游的目的是欣赏异地风景、感受异域风情、体验异类文化、收获美好心情，它是一个社会中相对富有阶层的最佳精神食粮，它的典型特征是人类的跨地域流动。在这种跨地域的人群流动过程中，旅游者的食、住、行、游、购、娱等活动都涉及基本的信息交流，也就是说，旅游所依赖的每个基本要素都有赖于传播活动的进行以及传播效果的实现。旅游者必须向旅行社、旅游相关服务机构或互联网等进行咨询，寻找最佳路线与出游方式，然后旅游者必须乘坐一定的交通工具达到旅游目的地，到达目的地后景点导游员的讲解等服务，其间可能进行一系列的感受当地风土人情的娱乐活动，行程结束后还可能购买一些旅游纪念品等。在整个旅游过程中，旅游者或与个人交流，或与组织互动，或与社区融为一体，通过文化符号的传递、接受与反馈，完成了信息的传递和分享，形成共享信息的传播。所以说，旅游是一种特殊的传播活动。

由于传播的双向性特征，旅游者在旅游活动中，既是信息的接受者，又是信息的发出者。他们在自己原有精神文化的基础上，接触新事物、接受新信息，达到更新知识的目的；同时又把本身文化的信息向旅游目的地传输，影响旅游目的地的发展。

（一）旅游主体是信息的接受者

在整个旅游的过程中，旅游主体（旅游者）首先是作为信息接受者（信宿）的角色出现的，其信息来源不仅包括单一的文化信息、静态的自然景物，同时也包括了泛化的整个旅游目的地的自然和文化。自然虽不是人工制品，但它一旦被人发现或加以描写就不是单纯的自然物了。正所谓"烟云泉石，花鸟苔林，金铺锦帐，寓意则灵"。人们根据其特征和历史，注入一定的文化意识，使诸如黄山松、雨花石等自然物都成了文化信息的承载物。

（二）旅游主体是信息的传播者

旅游主体（旅游者）除了接受目的地相关信息外，还往往作为出发地（客源地）文化的承载者和传播者的角色出现在旅游活动过程中。旅游主体承载着他所在国家和地区的语言、服装、行为方式、思想观念等一系列文化元素来到异域他乡。旅游主体进行旅游活动的过程，也是传播其自身言谈举止、饮食习惯、文化特色、风俗民情，尤其是思想观念的过程，这些传播行为都会对旅游目的地产生或大或小的影响。积极方面，旅游所带来的信息传播可以增强当地原有的价值认同感和文化自尊感，也能在一定程度上推动当地的现代化进程；消极方面，这种传播结果，会使当地居民对本地社会价值观产生怀疑，威胁当地的传统文化，不利于文化的可持续发展。

(三) 旅游中介体进行着文化传播活动

旅游中介体，又称旅游媒体，是指帮助旅游主体顺利完成旅游活动的中介组织，包括向旅游主体提供各种服务的旅游部门和企业。它是旅游文化传播的渠道，其中较为典型的就是导游人员的活动。导游服务对各国、各民族、各地的传统文化和现代文明兼收并蓄，有意无意间传播着异国、异地文化，是一种广泛的文化传播，促进了旅游主客体之间的沟通与交流。

在整个旅游过程中，旅游者首先接触且接触时间较长的目的地居民就是导游人员。导游员连接着旅游主体和旅游客体，通过口语、手势等语言和非语言符号进行传播活动，是较为典型的人际传播。导游的介绍和讲解，不仅可以使游客了解目的地的自然风貌、风土人情和历史文化，增长知识、陶冶情操，而且能增进不同国度、地域、民族之间的相互了解和友谊。

二、 旅游与传播相互影响

传播与旅游之间存在着明显的区别。传播作为一种基本的信息交流活动，几乎与人类的历史一样漫长。远古社会的狩猎、伐木、采石等活动都是一种简单的传播活动，因此有了 2000 年前亚里士多德对传播的基本论述。而旅游是在人们有了一定的经济能力和空闲时间基础上产生的一种较成熟的人类交往活动，因此它诞生于传播活动之后。此外，传播活动不仅可以在同一地理位置上的两人或两人以上之间进行，而且可以在个人内部之间进行（人内传播）；而旅游活动必须在不同地域范围内，在不同个人或群体之间才能开展。旅游与传播虽然从内涵到外延上都有很大不同，但在社会互动与经济发展的过程之中，它们更多地表现为相互依赖、相互影响。

（一）传播是旅游地形象塑造的根本途径

根据旅游地生命周期理论，一个旅游目的地的发展将经历探索、起步、发展、稳固、停滞、衰落、复兴等循环往复的过程。在整个过程中，旅游地生命周期的长短始终与其旅游形象联系在一起。传播正是塑造旅游目的地良好形象的最基本途径。

旅游地形象传播的基本要素是旅游地形象的传播方式、旅游地形象信息和旅游者，其最终目的是把旅游地形象用某种媒介传达给旅游者，让旅游者对旅游地形象产生深刻而良好的印象，这种印象将直接影响甚至决定他们的旅游选择。同时，只有媒介和旅游者之间有了有效的互动，才能有效地使形象的定位凭借媒介的传播深入到旅游者心中。在旅游地形象传播的过程中，由于首因效应、近因效应、刻板印象、光环效应等的影响，旅游者会对旅游地的形象形成一定的认知偏差。首因效应一旦产生，旅游地以后的具体表现就很难再改变旅游者的判断；近因效应就是指新出现的刺激物对印象形成的心理效果，它对旅游地新形象的塑造有着重要的指导意义；刻板印象是根据以往的印象和经验对现有的旅游地形象加以判断，因此也难以避免主观性与偏执，有时会造成认知失误；光环效应就是旅游者对旅游地形象的某一特征形成好或坏的印象之后，还倾向于据此推论其他方面的特征。

一个旅游地形象的塑造或重新定位，离不开一定的传播手段与传播策略。一般来讲，为了传播、树立旅游地良好的旅游形象，激发旅游者的旅游动机，可采取广告宣传、公关策划、节事活动、优惠策略、网络传播等传播手段中的一种或几种。在传播策略应用上，可以综合采用如下措施：设计统一的视觉标识、创立形象的主题口号、抓住宣传的表现时机、开发代表性的形象纪念品、开展全民好客的形象运动等。旅游地良好形象的塑造只有通过大量的、强力的传播才能实现，因此，传播是旅游形象塑造的根本途径。

（二）旅游是传播纵深发展的强大动力

传播可以促进旅游地形象地位的提升，改善旅游者与目的地人们之间的沟通与交流，最终促使旅游者出游目的的实现以及旅游者对旅游地积极影响的增加。

反过来，旅游及旅游活动的开展，将从各个方面促进传播实践及传播理论的深化和提升。旅游及旅游活动的产生进一步深化了传播概念的内涵。传播是一种基本的人类信息交流活动，它存在于人们日常生活的各个方面，其本质特征是人类对精神食粮的追求和实现。旅游是一种更高级别的精神活动，它的产生必须具备相当的物质条件（主要是金钱）和非物质条件（主要是时间），并且它以追求心灵的享受为终极目标。所以，旅游是一种一定时空条件下产生的特殊传播活动，旅游的发展促进了传播内涵的进一步深化。

旅游及旅游学的发展为现代传播理论的创新提供了参考。传播作为一种基本的人类活动，其存在方式及具体内涵将随着时代的发展而逐步演变，而作为研究传播规律的传播学，将随着新兴学科的诞生与成熟而发展与创新。旅游及其旅游学学科体系的建立，为现代传播学的研究增添了新鲜的视角，为现代传播理论的发展与创新提供了重要参考。

随着现代经济社会的发展，旅游不再是富裕阶层的特有享受，而是以丰富多彩的形式走入寻常百姓家庭。在此意义上，现代社会的每个人都必须了解旅游及其相关知识，如何分析旅游的出游目的、传递旅游相关信息、实现旅游出游意愿、反馈旅游经济效果等，都要求我们从一个全新的视角进行创新性的探讨，即从现代传播学相关原理的角度来研究旅游及旅游活动。于是，一门新型的交叉学——旅游传播学应运而生。

第二节　旅游传播的性质、特点与功能

一、旅游传播学与旅游传播的区别

（一）旅游传播学的学科性质

旅游传播学相对旅游学和传播学而言，它是两者的向下延伸，又是营销学、地理学、人类学、心理学等内容的向上升华，在旅游传播学这里相互交会融合。旅游传播学就是从理论的角度去认识旅游传播的规律，以期在实践中能给旅游业以指导。在旅游主体、旅游客体和旅游媒体之间形成信息通畅的传播链，达到三

方信息的对称，来谋求各自利益的最理想化。因此，旅游传播学应是一门交叉学科、边缘学科和应用学科。

旅游学与传播学本身都是跨学科性质的研究科学。旅游学的跨学科性质，不仅表现在旅游学的历史进程当中，而且实实在在地根植于旅游学研究对象的复杂性和综合性这个根本点上。传播学涉及的学科群体有行为科学群（包括社会学、心理学、社会心理学、政治学、宣传学、新闻学、语言学、符号学等）和信息科学群（包括信息论、控制论、系统论、数学、统计学等）。由于旅游的本质规定性及其各个层次表现出来的不同，注定旅游是人生中一个有特殊意义和特殊形态的阶段。这个阶段包含的内容之广、牵涉的关系之复杂、问题的性质之特殊，是绝非一般性的和单一的学科可以研究和给予答案的。建立在旅游基础上的旅游信息及其传播规律，除了具有旅游所应有的特性之外，还涉及传播原理所相关的任何属性。因此。作为研究旅游信息及其传播规律的旅游传播学，无疑具有一般学科所不具有的跨学科性、交叉性和边缘性。

（二）旅游传播的含义

《国家科学辞典》是这样解释"旅游"的：暂时离开自己的居住地，为了满足生活、文化的需求，或各种各样的愿望，而做出的短期暂时的运动或逗留在异地的人和人的交往。这里"异地""需求""交往"成为对旅游高度概括性的解释。旅游活动是作为旅游者的"人"的活动，是人们为追求自身发展的需要而亲自前往异国他乡的活动。从本质上讲，这是人类对精神自由的一种渴望，是一种打破陈规、探求新知的追求。文化的差异性和生活的异质性是旅游的生命，没有"异"，就没有旅游需求。人们不满足于现状，希望能够从"异"地他乡、"异"族文化、"异"质环境中寻找到能满足自身需求的东西，这就是旅游的本质。对更大空间的渴望，表达了对自由的渴望，是人类高尚的追求。

而人之所以要进行传播活动，很明显是为了社会成员共同协作，从事生产活动、交流思想和图生存求进步的需要。传播在很大程度上是围绕生产力和生产关系这个主要因素进行各种信息的交流、沟通和扩散。没有传播，人与人、人与自然、人与社会就无法沟通，无法发生关联，任何行为都无法完成。所以，传播的目的是"与他人建立共同的意识"，使人们能互相沟通、理解和交流，从而推动社会的发展。至此，我们看到，传播活动试图打破信息传输的阻碍，使信息的传递不断冲破有限的空间束缚，向外扩张。这从根本上也体现了人们对自由的渴望和追求。两者比较，可以看出，旅游与传播有着本质上的一致性，即都是人类对自由空间追寻的方式和手段，是人类精神解放的过程。这个精神层面上的一致性，使我们寻找旅游和传播的契合点有了可行的依据；而这一个共同点的发现，为我们提出旅游传播的概念提供了一个十分可行的理论基点和平台。

因此，参照旅游与传播的定义，所谓旅游传播就是指通过各种传播媒介来传递旅游信息（包括旅游政策、旅游文化、旅游目的地形象、特定旅游事件等信息）的传播活动。旅游传播的信息，首先以文字、图像、声音、数字等形式传递给媒介（包括报刊、图书、广播、电视、网络以及社会团体与个人等），媒介再将信息传递给旅游受众，最后达到旅游信息的交流与共享的目的。为了进一步掌握这一定义，首先必须了解几个相关的概念。

（1）旅游信息

旅游信息是指旅游传播过程中交互传递的内容，包括视觉器官、听觉器官及其他感官可以接收的信息。

（2）旅游信息传播者

旅游信息传播者是指旅游传播过程中制作并提供旅游信息给受众的个人或组织机构。

（3）旅游信息受传者

旅游信息受传者是指旅游传播过程中接收旅游信息传播者所传递旅游信息的对象，旅游信息受传者可以是个人或者组织机构。

（4）双向互动交流

双向互动交流是指旅游传播过程中，信息的传播者和信息的受传者之间互相沟通，交换各种信息和感觉的过程。

（5）反馈

反馈是指旅游传播过程中传播者传播的信息到达信息的受传者之后，信息受传者向信息传播者返回信息的过程。

在了解以上相关概念的基础上，我们可以从以下几个方面来对旅游传播的内涵做具体阐释。

1. 旅游传播是人类的传播活动

人（组织、机构）是旅游传播的主体和轴心。人（组织、机构）既是旅游信息的传播者，又是旅游信息的接受者；既是旅游传播行为的施控者，又是旅游传播行为的受控者；既是产生旅游传播的原因，又是导致旅游传播的结果。总之，旅游传播与人如影相随，不可分开。

2. 旅游传播是旅游信息的交流和沟通

在旅游信息传播过程中，旅游信息传播者不是简单地输出信息，还应含有复杂的双向交流；旅游信息受传者也不是被动地接受旅游信息，还应包括主动地反馈旅游信息。旅游信息作为旅游传播的内容，就像没有货物即无须搬运和运输一样，没有它就没有旅游传播。所以，旅游传播的过程既是人与人之间旅游信息交流的过程，也是人与人之间相互影响、相互制约、交替作用的过程。

3. 旅游传播离不开符号和传播媒介

传播媒介负载符号，符号负载旅游信息。换句话说，符号就是旅游信息的具体袒露，而媒介又是符号的物化载体。没有听觉符号、视觉符号和视听符号，旅游信息内容就无所依附；同样，没有报纸、杂志等印刷媒介和广播、电视、网络等电子媒介以及其他物质载体，符号就无法进入人的听觉、视觉等感觉器官。所以，符号与传播媒介是旅游传播活动赖以实现的中介。

二、 旅游传播的性质

作为传播学的分支学科，旅游传播学的研究还刚刚起步，因此要给旅游传播下一个科学、完整的定义无疑是困难的，甚至是不可能的。但不管怎么给它下定义，首先都要承认传播的内容是旅游信息；其次都要肯定旅游信息传播者、旅游信息受传者和旅游信息是旅游传播的基本条件；最后要把旅游传播看成人类的一种社会活动和社会现象，强调其目的性。因此，要给旅游传播科学地下一个定义，首先要从宏观的角度，把旅游传播当成传播系统的一个子系统，以对旅游传播现象进行全面考察。事实上，旅游传播是旅游信息在时间或空间中的流动和变化。

（一）旅游传播的信息性质

旅游传播是旅游信息的流动，旅游信息是旅游传播的材料。没有不带旅游信息的旅游传播，也没有不带旅游传播性质的旅游信息。旅游信息是旅游传播行为实现的前提，旅游传播是旅游信息流动的基础。

（二）旅游信息的可流动性

测度旅游传播过程发生的方法，就是旅游信息从甲方（旅游信息传播者）传到了乙方（旅游信息受传者），除此以外是无法证明传播过程的。事实上，旅游信息不流动，旅游传播活动就不能成立。旅游信息的静止表明了旅游传播的静止。因此可以说旅游信息的流动是旅游传播实现的标志。

（三）旅游信息的可转换性

旅游信息可以从一种状态转换为另一种状态。物质信息可以变为文字信息，一切信息都可以变为语言符号系统。例如一个风景如画的旅游景点，我们可以用语言文字来表达，也可以用电影、电视来表现。

说旅游传播是旅游信息在时间和空间的流动和变化，还因为旅游信息不能脱离时空而存在，具有时间的传播性和空间的传播性。旅游信息在时间上的储存，不会因为时间的流逝而消失。例如人类的历史文化遗产通过文字，流传至今，使人类能够通过这些信息纵观历史。旅游信息在空间上的传播更是不言而喻的，各种旅游景观和吸引物存在于现实的自然空间，依托于一定的自然物质条件。

正如旅游是多种现象的综合体现一样，旅游传播也涉及经济、政治、社会文化等各大领域和人际、组织、社会三大层次。在旅游活动中，存在着大量的文化碰撞和信息交流。所以，从旅游所具有的传播性而言，旅游传播是一种非常特殊的传播方式。

三、旅游传播的特点

传播是人类的特征，也是人类的特权。它随着人类的产生而产生，又随着人类的发展而发展，是构成人类社会活动的一种特有现象。同时，它随着人类社会的发展而发展，促成了在不同的社会阶段存在着不同性质传播的现象。旅游传播作为人类所特有的传播活动之一，我们既要将它与自然传播、动物传播、植物传播相区别，也不能将它与人类的其他形式的传播活动混为一谈，因为它既有传播的共性，也有其相对的独特性。

（一）社会性

人类的传播活动从来就是社会性的，而不是在真空中进行的，也不是一种本能反应和自然现象。传播活动是在人与人之间进行的一种社会活动。人是社会的人，社会也是人的社会。作为社会成员，不论是传播者、中介者，还是受传者，他们都是扮演一定的社会角色和生活在一定的社会文化环境之中，隶属于一定的群体、集团、阶级的人。传播活动具有社会性和阶级性，传播活动也是为一定的阶级和社会服务的。不存在超阶级和社会的传播类型。因此，作为传播学分支的旅游传播活动也就必然具有一定的社会性和阶级性。同样，旅游传播也客观地存在于某一具体的社会形态之中，也有为推动社会发展服务的内在要求，同时又受到社会性质的控制和约束。正是基于此，我们说旅游传播活动是一种社会现象，旅游传播学属于一门社会学科。

（二）目的性

人类的传播活动从来不会是无目的和无计划的。也就是说，人类的传播活动不是受本能所驱使，而是在一定意识的支配下，表现为一种有目的、有动机和有对象的活动。传播活动的发生、运行、终止的全部过程，无不带有明显或隐蔽的目的性和计划性。传播者在进行传播活动之前就制订出活动的计划、步骤和蓝图，这是任何其他动物所不能比拟的。旅游传播也是如此，具有明确的目的性和方向性。如某旅游机构或旅游企业通过在大众媒体上做广告宣传或促销自己的旅游产品就是一种旅游传播活动，在进行旅游传播活动之前，他们也必须制订周密的计划、详细的程序，以确保传播活动顺利进行，并最后取得实效。

（三）创造性

旅游传播活动是人与人之间进行的一种自觉自愿、自择自控、自知自发的信息传播活动，是主动的而不是被动的。就是说，旅游传播活动的参加者，不论其行为是对还是错、是善还是恶，他们对自己的传播目的和过程都有清楚的认识，所采取的传播计划和传播方式也是出于其主观选择，没人会去强迫他。作为人类主动进行的传播活动，不管是印刷传播、电讯传播、网络传播等大众的、现代的传播方式，还是最简单的语言传播和文字传播都具有创造性。在旅游传播活动中，从信息的采集、鉴别、选择到加工、传递，无不闪耀着人类的创造性火花，无不渗透着人类的创造性智慧。

四、 旅游传播的功能

传播学认为，传播的功能不是人类主观臆断的产物，而是人类传播活动的客观要求；不是"领导"的指令，而是传播活动自身必须完成的客观使命；不是可有可无，而是如影相随、挥之不去。因此，对传播的功能认识得越清楚，传播活动的方向就越明确，取得的效果就越显著。

（一） 传播功能的来源与阐释

传播功能是指传播活动所具有的能力及其对人和社会所起的作用或效能。在传播学研究中，有的人常将"传播功能"混同于"传播效果"，弄不清两者之间的区别。其实，"功能"与"效果"是从不同的角度、不同的层面来观照、审视传播活动现象的不同认识。如果是研究者从社会角度和受传者层面来看待传播活动所产生的作用和媒介所释放的能量，则属于"功能"研究；如果是研究者从传播者和媒介自身的角度来认识传播活动所造成的最后结果以及在受众那里所引起的反应，则属于"效果"研究。严格地讲，前者是一种社会研究、向上看的传者研究；后者是一种传播研究、向下看的受众研究。比较而言，传播效果研究的历史较长，挖掘较深，成果颇丰；而传播功能研究的历史较短，成果较少。这反映了传播学研究中一种实用主义的商业化倾向。但是，随着人的价值和受众地位的提高，以及人文旗帜的高扬和批判主义的兴起，人们会越来越重视传播的功能研究。

传播是一项必须履行一定功能的社会活动。不论它是自我的内向传播，还是直接的人际交流，或是借助媒介的大众传播甚至跨国传播，任何一项传播活动都必须具有一种或几种功能，否则就没有进行的必要。尽管某项传播活动，在它开始前公开宣称的功能与其最终实际呈现的功能并不完全相符，有的甚至相距很远，但功能总是客观存在的。特别是在大众传播中，传播者在事前充分认识这次（或一系列）活动所应发挥的作用和效能，然后运用全部传播手段或方式去充分地展示和释放这些功能，是至关重要的。因为，功能对将要进行的传播活动的方向性、连续性和整体性起着重要的维护作用。传播功能在社会发展的不同历史时期和在同一历史时期的不同发展阶段，会有不同的变化；人们对它的认识，也会呈现出多样性。我们认为可以从以下几个方面入手，对传播功能做出科学的分类和解释。

从功能呈现的方式来看，它可以分为显性功能和隐性功能。显性功能是人们可以明显看出或感觉到的作用或效能，而隐性功能则是人们不易察觉的作用或效应。这两者可能产生正面作用，也可能产生负面作用。美国社会学家罗伯特·默顿在《明显的和潜在的功能》一文中，把显性功能解释为有意图的有意识的预想的功能效果，把隐性功能叫作无意图的无意识的未能预想的功能效应。前者是传播者为实现传播目标而明确提出来的，有助于调节或适应各种社会关系的任务和使命，并且容易受到人们的理解和欢迎；后者是隐藏在传播活动的过程之中，为传播者所始料不及的、突然或很长时间才反映或显示出来的效能。这两种功能，有时几乎像人和他的影子一样不可分开。例如，2003 年我国的一些地方出现了"非典"疫情，大众媒介立即投入了防治"非典"疫情的报道和宣传。大规模传播活动的明显作用是，事件引起了各级领导和卫生部门的高度重视，受到了社会的广泛注意并迅速采取了相应的防治措施。但是，未能预想到的消极作用是，不少人放弃或推迟去这些地方做生意或旅游，而这些地方则有不少人由于害怕传染而在家蜗居，或离开工作岗位远走他乡避难，给地方的社会秩序制造了混乱，对经济特别是旅游业造成了很大损失。

从功能释放的效应来看，它可以分为正功能和负功能。正功能是信息传播的正面效果，也是传播者所预期和追求的。只要传播者在事前对整个过程逐项精心组织、巧妙安排，通常都能实现。负功能则是传播者在传播活动中不愿见到的和力求避免的令人不愉快的负效应。在大众传播中，每一项正功能都可能转化为负功能，但被批评较多的主要有这样几种负功能：虚假信息、信息泛滥、信息污染、麻痹大众、垄断意见、人情冷漠和金钱至上等。负功能对正功能的影响力有干扰、滞退的消极作用；而正功能的有效发挥，也有助于抑制负功能的产生。从功能应用的区位来看，它可以分为思想功能和交际功能。思想功能是指人类传播活动对人的思想意识所产生的种种作用，包括信息、教育、启发、娱乐、影响等。交际功能是指传播活动对人与人之间的交往关系所产生的各种作用，包括享受家庭温馨、感受朋友情谊、追求补偿、摆脱挫折、抵制强权、驱除紧张感、打破孤独感等。

从功能产生的渠道来看，它可以分为个人的功能、组织的功能和社会的功能三种。下面，我们通过从一般到个别的原理，借鉴以往传播功能理论研究中的合理内容和有益成分，着重从个人、组织、社会三个层面来归纳和分析旅游传播的主要功能。

（二）旅游传播的主要功能

1. 个人的功能

旅游传播活动所具有的对个人身心发展的作用，或者须由旅游信息传播的参与者个人去完成的任务，就叫个人的功能。依照施拉姆对传播功能的解释也可以把这种功能称为内向性功能或社会成员自身功能。

个人的社会化功能和个性化功能既彼此对立又相辅相成，了解环境、适应环境更是驾驭环境、改造环境的前提和台阶。在人类传播活动中，社会化功能帮助人们正确地把握社会关系和认识环境状况，并把它们转化成个人的内在本质和自己的社会性质。但是，每一个人又是按照自己的方式，在独特的个性形式中去把握关系和认识环境，进而发展和改造这些关系和环境。因此，在新式的传播社会里，个人社会化过程同时也是个人个性化过程，是个人发现本身的"自我"的过程。人类传播是一种特殊的社会机制，它既促使个人实现着社会化，又保证个人维持着个性化。

对一个人来说，旅游传播的个人功能将会使他通过旅游传播对旅游以及跟旅游有关的生活从初步模糊的认识到有所判断有所了解。他要在旅游传播活动中完成的任务是多种多样的，除了要接受旅游传播信息、理解旅游传播信息、做出反应、学习旅游文化知识、享受旅游传播带来的娱乐之外，还要"使个人具有积极的生活态度，造就和改造周围世界的人的一种手段"。这就是说，旅游传播的个人功能主要反映在两个方面：个人的社会化功能和个人的个性化功能。因此，旅游传播尤其是大众旅游传播，它的最重要的使命和功能就是造就一定类型的、符合某个阶级或某个社会集团（一般是传播者所属）的利益和需要的个人。

2. 组织的功能

在旅游传播活动中，媒介组织所具有的能力和作用或应该完成的任务，就叫旅游传播组织的功能。它包括告知功能、表达功能、解释功能和指导功能。

（1）告知功能

告知是向人们迅速、及时地提供旅游界新近发生的新闻和信息。它是人类警视环境、了解环境、适应环境、改造环境的最重要的手段之一。通过告知的内容，我们知道了世界的变化、人类的进步和社会生活中出现的各种和旅游有关的新现象、新事物，从而周期性更新我们的认知和知识。因此，没有告知，我们的生活将不可想象。在大众旅游传播出现之前，告知的任务主要由口头传播、群体传播和告示牌等媒介肩负。在大众旅游传播的载体中，不论是电报还是电话、广播还是电视、电影还是互联网……无不被迅速地用于告知旅游信息的活动之中。可以说，迅速、真实、准确地告知或报告旅游信息，已经成了旅游传播世界中压倒一切的头等大事。

（2）表达功能

所谓表达，就是指人们通过媒介和符号表述和交流自己的思想、观点和情感。告知提供的是外在信息，即身体之外的信息；表达传递的是内在信息，即身体之内的信息。作为大众媒介的传播者，旅游传播者不仅应该客观地报道周围旅游世界所发生的各种变化和叙述自己的所见所闻，而且也有理由向人们表达自己对某些重大旅游事件的态度和观点。同时，它还有责任将人民群众的愿望、要求等真实情况通过适当的旅游传播方式表达出来，以引起有关方面的重视，使问题得到解决。而作为旅游传播接受者的广大公众，他们也同样具有利用大众传播媒介或通过大众传播媒介（以及其他旅游传播媒介）表明自己意见、想法和要求的权利。作为旅游传播的大众媒介，应该鼓励他们的读者、听众和观众等其他传播受众在旅游传播中发挥更加积极的（表达）作用，应该腾出更多的报纸篇幅、更多的广播时间，供公众或相关组织或社会集团的个别成员发表意见和看法。大众旅游传播媒介应当成为旅游传播受众表达感情、沟通思想的工具，而不应当只是少数人的传声筒。

（3）解释功能

解释，就是"明是非之分，审治乱之纪，明同异之处，察名实之理，处利害，决嫌疑焉"（《墨子·小取》）。它是对告知和表达功能的进一步丰富和发展。告知和表达常常是表面的、浅层的和陈述性的，而解释则是内在的、深层的和说明性、分析性的。就对信息内容的反映来说，告知着重报道事实，回答何人在何时、何地发生了何事，而解释则着重分析事实，回答这一事件为什么会发生，解释者要尽可能完整、清楚地交代事件发生的背景、起因、意义和影响，以及可能向哪个方向发展。这种在告知基础上的解释叫事实解释，例如解释性新闻、调查性新闻和深度报道，就都是以解释事实为主。就对思想感情、观点的陈述来说，表达只是说出对某一旅游现象或特殊旅游事件的态度和看法，而解释则要对此做进一步的分析和解剖，以论述和阐明持这一态度和看法的理由和目的。这种在表达基础上的解释叫意义解释，例如对国家发展旅游业的方针、政策、法规的宣传和论述，就都是意义解释。意义解释的目的，是向受众指出某一事件出现的背景及原因，阐明某一观点在相关意义中的优越性，以帮助受众认清形势，明确态度，确定对策。现在，由于广播、电视、网络等新媒体加强了告知功能和作为信息来源的吸引力，报纸、杂志的告知功能已越来越小，但是，报刊在说明、解释和评论重大旅游政策和特定旅游事件方面所起的作用却越来越重要，特别是在就一些关系到受传者切身利益的问题（如门票价格）展开广泛辩论而又需要针对简单的报道做出深刻分析的时候，解释更是必不可少的。

（4）指导功能

在中国古代，人们提倡"文以明道""文以贯道""文以载道"，就是强调文字传播必须表达一定的观点和主张，在社会生活中发挥积极的指导功能。指导是人类传播的基本功能，也是旅游传播的基本功能，是指通过告知消息、表达观点、解释缘由，对受众的思想和行为所产生的一定的方向性指点和引导的作用。同上述三种功能一样，指导功能存在于人类的一切旅游传播活动之中。施拉姆（1984）将"指导"看作是传播的一大用途。旅游传播媒介一般是通过循循善诱、典型示范、潜移默化等软性方式间接发挥自己的指导作用，有的也通过社论、评论、批评、按语、揭露性报道或调查性报道等刚性方式直接体现自己的指导功能。

旅游传播在组织层面上的四项功能虽然被分开论述，但是它们一般不是单独发挥作用的，而是各种功能交织、融合在一起共同履行自己的使命和任务的。

3. 社会的功能

旅游传播是一种社会需要、社会进程和社会现象，因而也必须具有社会的功能。其社会功能主要反映在以下几个方面。

（1）认知功能

认知功能，也称环境监视功能。人类生存的一切活动都可以归结为认识世界和改造世界，因为只有认识世界，才能适应世界；只有改造世界，才能更好地生活。认识世界的过程也就是拉斯韦尔所说的监视环境。旅游传播活动是文化与文化之间、人与人之间亲身的、直接的、互动的、即时的交流与传播，是一种直接接触的"真实世界"。在旅游这样一个活动平台上，各种文化背景的人都聚集一堂，为各种文化的沟通提供了机会，促进了各种文化的发展。与此同时，旅游者的进入使当地人开始接触新语言。很多人通过与旅游者在商店、酒吧、公寓交流或交友等非正式方式学习这些语言。人们还进行观念上的交流，这涉及服装时尚、音乐品位、食品以及对各种其他事物的态度。甚至，当地人通过与旅游者建立的友谊，到旅游者的国家去访问，或找工作，停留很长时间。这不仅使他们对别的国家有一个深入的认识，而且使他们可以换一个角度来看待自己的国家和生活方式。这样"通过传播客观、准确反映现实社会的真实情景，了解足以影响社会进程的机遇和威胁"的过程，正是旅游传播环境监测功能的体现。这些贯穿旅游活动始终的传播行为，使人们可以更清醒地看待和全面了解自己所在地的环境。

（2）经济功能

传播是社会发展的决定性因素，同时也是一股具有极大潜力的经济力量。首先，传播媒介是经济变革的"扩大器"。大众传播媒介可以为经济发展、社会变革创造所需的合适的气氛和环境，可以提高人们的识字率，进而引起人们观念的更新和生产技术的提高。同样，充分使用旅游传播媒介，也可以使旅游经济和旅游活动在更大范围内运作和发展，还可以大大促使那些拥有独特旅游资源的不发达国家"加快历史发展的步伐"。其次，传播媒介又是经济发展的"推动者"。在国家发展过程中，大众传播媒介可以提供关于国家发展、经济变革的信息，向人们教导必需的技术与知识，使公众通过媒介有机会参与"决策过程"，从而发挥积极作用。换句话说，人们可以自觉地运用大众传播工具为国家发展和经济建设服务。其中，旅游传播媒介和工具也必定会对国家或地区的旅游经济发展产生巨大的作用。美国学者罗杰斯指出：大众传播是国家现代化的"催化剂"。在社会向更高级的社会的发展所迈进的每一步中，传播都在其中起了一定的"催化"作用。传播媒介可以促进个人创造性的发挥、科学知识的积累、生产技术的改进，因此，旅游传播活动在采集和传播旅游经济信息，刺激和满足社会的旅游需求，指导和服务旅游经济生活，协调和控制旅游经济运行等方面也发挥着重要的作用。

（3）文化功能

传播对文化的影响是持续而深远、广泛而普遍的。也许正是这一原因，传播工具被人们看作是"文化工具"，传播对文化的影响又被当作"对整个社会的影响"。

旅游传播的文化功能主要表现为：

第一，承接和传播文化。它可以将传统文化中的精华继承下来、传播出去，使之世代相传并与其他文化相互作用。

第二，选择和创造文化。面对外来文化，旅游传播媒介一味排斥和盲目照搬都是不对的，而应依据一定的标准加以合理选择，并结合本土文化予以创造和发展。

第三，积淀和享用文化。旅游传播使文化在历史长河中得以沉淀和堆积。文化传播的时间愈久远，文化积淀就愈深厚；而悠久深厚的文化，又为文化享用提供了丰富的内容。

第四，文化传递。在旅游活动中，旅游资源具有很强的文化传递性。特别是人文资源，它是人类的历史遗存，是人类创造的物质和精神财富。人类在某个历史时期的生产力发展水平及社会生活的方方面面，以遗址、建筑、雕塑、壁画、文学艺术、伟大工程、陵寝等多种形式遗存下来。通过旅游活动，我们就可以从中了解历史、学习文化。所以，旅游传播的文化传递功能又称社会遗产传递功能。它可以把文化传递给下一代，促使社会成员遵从统一的价值观和社会规范、共享社会文化遗产，从而增强社会的凝聚力。这也是延续社会传统、传播社会经验与知识的教育功能。

第五，增强对当地原有价值的认同感和文化自尊感。每个人对长期生活的地方都有一种相对稳定的认同心理。旅游业发展后，文化交流使认同感发生变化，使居民对当地自然和人文景观的价值有了新的认知，从而重新定位自己的生存地。例如，西藏是众多旅游者心中的圣地，但当地居民有可能只把它当作普通的生活地，把一切都看得司空见惯、习以为常。旅游业发展后，大量的旅游者不断涌入，使当地形成一种新的"地方精神"和"地方性"特征。它向外界有意无意凸显着当地独特的藏域文化，从饮食、衣着、建筑各方面强调自己的民族性和地域性，一定程度上弘扬了当地文化。

（4）娱乐功能

文化享用的一个十分重要方面是娱乐。特别是在当代大众传播中，娱乐功能正受到前所未有的重视。娱乐信息不仅在大众传播媒介的特定版面、时间中占有的百分比越来越大，而且那些看上去是纯新闻、纯广告、纯理论的内容也越来越具有娱乐性和消遣性。可以这样说，在大众传播中，几乎全部内容都有一种普遍化的游戏或愉悦的功能。大众传播和娱乐结成了密不可分的关系，娱乐充实了传播，反过来传播推动并推广了娱乐项目的发展。人们通过大众传播媒介得到新的信息、新的娱乐、新的愉悦。

随着人们休闲时间和与外界环境接触点的日益增多，娱乐消遣越来越受到人们的喜爱和欢迎。大众传播面临受众的发展变化，也采取了迎合和引导双管齐下的策略，使人们的业余生活不断丰富、选择不断增多。

众所周知，旅游业是集吃、住、行、游、购、娱于一体的综合性产业，娱乐是旅游业的重要组成部分，提供娱乐也是一种重要的旅游产品。许多旅游地在充当生产和销售快乐的角色的同时也向每一个旅游者传播着精神愉悦和审美愉悦。所以，娱乐功能也是一项不容忽视的旅游传播功能。

古今中外各种娱乐项目形式不断通过大众传播媒介进行传播，而对世界各地风光的介绍，更激发了人们观光度假、探险猎奇的兴趣。旅游业的兴盛也就和大众旅游传播有了密切关系。大众旅游传播的娱乐功能成功作用于旅游业，世界上最大的主题公园迪斯尼乐园就是一例。它把卡通的幻景变成了相对真实的世界，使人们尤其是儿童能从这里得到很多的快乐。同时，迪斯尼乐园还拓宽了传播领域。它使米老鼠和唐老鸭的卡通形象标志通过电视、电影等大众传播工具传遍全世界，深入到全世界小朋友甚至是成人的心中和生活中，使每年从世界各地去参观它的旅游者络绎不绝，创造了旅游史上的奇迹。

（5）社会协调功能

人类是作为一个整体——社会而存在和发展的。社会并非只是一个抽象的概念，而是一个实体，是人们以生产劳动为基础按各种关系结合在一起的总体。用人类学家爱德华·萨丕尔的话来说，社会"是各种大小和复杂程度不同的有组织的单位的成员之间部分的或完全的了解所组成的一个极其错综复杂的网状系统"。这里的"了解"也就是我们所说的信息的交流、沟通。可见，只有通过传播，才能建立起以各种人际关系为表现形式的社会关系。同时各种社会关系的协调也离不开传播，传播是联系社会成员、整合人类社会的纽带。

旅游传播的社会协调功能，就是传播媒介通过对旅游信息的选择、解释和评论，把社会各个部分整合为一个有机的整体，并对社会周围的环境做出有效的回应，并协调旅游与其他社会活动的关系。通过这种社会协调，把人们的视线集中到、吸引到重要的旅游目的地或客源地上来，以利于旅游业的可持续发展和整个社会的和谐与繁荣。

对于上述旅游传播功能，不论它是个人层次上的功能，还是组织和社会层次上的功能，它们都是相互联系、相互重叠、相互渗透、相互作用的统一整体。作为统一整体，五类功能中任何一项功能的发挥，都要依赖其他功能的互动与支持；而某些功能的过度释放，又会导致对其他功能的挤压与侵占，引起碰撞。所以，对于旅游传播功能认识、把握和控制的正确程度，不仅直接影响旅游传播的成效，而且能够反映出旅游传播媒介的决策者和传播者水平的高低，以及反映出他们对各种功能关系和社会需要、受众心理认识与了解的准确程度。

第三节　旅游传播的基本原理

一、旅游传播的动力

一般说来，任何信息的传播动力都来源于两个方面：一方面是信息寻求者对信息的需求，这是最根本的动力源泉；另一方面是信息传播者的利益驱动或心理诉求，他们以传递信息所能换取的回报率作为传播的直接动因。旅游相关信息的传播也符合这两个方面所说的原因，游客需要获取旅游景点信息，做出旅游攻略，景点的人也需要向大众宣传，才能吸引更多的游客前来，才能获取更多的利益。其中，旅游信息既具有一般信息的特征，也具有自身的典型特征。旅游信息具有客观性、可表达性、流动性、普遍存在性等，这是旅游信息具有的一般信息的特征；旅游信息具有差异性、可传播性、文化性等，这是旅游信息自身的特殊性所决定的。因此，旅游传播的动力有着其自身特有的来源。

（一）受众需要是旅游传播的动力之本

受众需要来源于人类需要。心理学认为，个体的需要是被人感受到的一定生活和发展条件的必要性，它是个性倾向性的基础与核心，而个性倾向性则是人进行活动的基本动力。受众需要能够引发受众对传播内容与方式的兴趣，当它达到一定强度时，便转化为受众主动寻求信息的动机，激起并维持受众的接收行为。所以受众需要是以受者为中心的接收系统的动力性因素。

在旅游传播活动中，旅游传播受众需要即是旅游者或潜在旅游者的需要，它是旅游传播活动得以运行的强大动力之本。旅游信息来源于旅游业发展的实际，又作用于旅游业的发展，为广大旅游者或潜在旅游者服务。旅游信息的内容涉及食、住、行、游、购、娱等方方面面，既有其自身的经济利益，也有必须遵守的社会道德和行为规范。人们生活在充满精神追求与心灵满足的现代社会里，需要很快找到适合自己的社会生活方式和休闲习惯，并寻找自己固有的精神家园。因此，他们需要了解周围环境甚至异域他乡的风土人情、自然美景和人文历史等，以便随时调整自己的社会生活习惯与社会活动策略，并准备在条件允许的情况下前往异地他乡感受其地域风情，收获美好感受，得到心灵的净化与提升。正是这种需要与心灵的诉求，加快了各个国家和地区旅游地旅游信息的传播，迅速扩大了旅游传播的范围。

20 世纪 50 年代末美国传播学家布鲁斯·韦斯特利与小莱昂内尔·C·巴罗第一次提出了"信息寻求"的观点，认为社会人群具有主动寻求信息的行为，这种行为是传播有效的证据之一。旅游信息是旅游者或潜在旅游者急于寻求的信息，他们可以在各种旅游信息中寻求到相关的目的地资料，以便做出完美的出游计划或完成一次愉快的旅行。人们在旅游之前，总是要主动地去寻求各种旅游信息，这种行为，催生了旅游传播，使得旅游信息能够广泛流通开来。如团队旅游者关注旅行社服务的历史以及当前自身的服务实力；散客旅游者关注旅游目的地的交通、住宿、饮食，尤其是风土人情；自驾车旅游者关注沿途的汽车配套服务；科考旅游者关注旅游地的资源科学价值；等等。这些旅游信息对他们来说是至关重要的，直接关系到旅游目的的实现和美好心情的获得。

（二）传者回报是旅游传播的直接动因

根据亚当·斯密的"经济人"假设，人类行为的原动力是经济回报。现代旅游业的快速发展，很大程度上是利益驱动背景下旅游企业强力推进的结果，旅游企业的主要目的是追求自身经济利益的最大化，当然不排除个别旅游企业的社会公众服务诉求以及部分企业迫于社会压力而对其经营目标所做的调整。不管如何，追求旅游传播的回报是旅游传播的直接动因。这种回报既包括最直接的经济利益收入，也包括间接的相关心理或社会诉求，如导游员的讲解服务就不仅仅是为了追求经济利益，更是追求自身价值的实现和社会对其奉献的认同；政府旅游主管部门的信息传播则完全是出于为广大人民服务，经济目标是次要的；旅游景区的宣传策划则以吸引广大游客前去游览消费为主要目标；旅游企业的公关活动及其传播推广，很大程度上也是为了改善其社会印象。这些旅游传播活动的开展，都是以是否能够获得相关回报为前提的，可以说，不追求回报诉求的旅游传播活动是没有的。

（三）传受互动是旅游传播的内在动力

传播系统内部运动，是由系统内传受两个子系统矛盾运动引起的。而旅游传送系统与旅游接收系统的互动，从根本上说是旅游发展战略与旅游者或潜在旅游者需要相互联系、相互作用的运动过程。

根据斯文·温德尔、丹尼斯·麦奎尔螺旋形传播模式，我们可以知道，旅游信息的传播是一个无限循环运作的过程。旅游信息以旅游企业作为发源地，然后从旅游企业开始，经过各种媒介手段，采用各种方式，不断地向着旅游者或者潜在旅游者传播，然后旅游者或潜在旅游者对此做出反应，然后这种反应通过反馈回到旅游业发展相关部门或旅游企业手中，再开始新一轮的循环，如此反复，最终达到信息传播效果的最大化和理想化。这一过程中，在旅游发展战略指导下的传送系统的运作，包括依据旅游发展战略采集、选择、加工、复制、放大、传送等各个环节，从而将旅游信息传送给旅游者或潜在旅游者。如果传播是有效的，那么旅游发展战略即可得以实现。而旅游传播是否有效则取决于旅游者或潜在旅游者，旅游者或潜在旅游者是主动地选择、接收信息以满足自己需要的个体的集合，如果媒介所传播的内容与方式适合旅游者或潜在旅游者需要，为旅游者或潜在旅游者所接受，那么旅游传播即是有效的；反之，则传而不通，传播无效，旅游传播过程中断。由此可见，旅游传播是否有效的关键，就是媒介传播的内容与方式是否符合旅游受众的需要。所以旅游发展战略必须依据前次传播循环中所获得的受众需要信息进行调整、修正，才能保证当前旅游传播循环有效并进入下一次旅游传播循环。

旅游受众在接收信息时，一般从自己的需要出发，看接收到的信息是否满足自己的需要，然后根据自己的需要来对向自己涌来的旅游信息潮进行选择并决定接收与否，最终决定是否前往该旅游目的地或旅游景点旅游。旅游发展主管部门或旅游企业通过调查、访问等形式获取旅游者或潜在旅游者的相关反馈信息，并据以修正旅游发展战略，使之更切合于旅游者或潜在旅游者需要。此时旅游传播系统中传受两个子系统相互协调、相互促动，构成并维持着旅游传播系统的正常运作。

但正如丹斯所说，传播并不是一个经过完全的循环，不折不扣地回到它原来的出发点的过程。在运转正常顺利的传播过程中，传受双方的"认知场"都在不断地扩大，旅游传播同样如此。

通过前馈与反馈所获得的旅游者或潜在旅游者需要信息在旅游发展相关部门或旅游企业中被筛选、评估，并据以调整旅游发展战略，以便对旅游者或潜在旅游者需要中合理、现实的部分予以满足，而对其不合理、超现实的部分予以引导、转化，并依据时代要求与传媒意图进行需求开发。然后根据他们的需求开始搜集、整理相关信息，对这些旅游信息进行组织加工之后，复制放大发送给旅游者或潜在旅游者，完成一次旅游传播循环并进入新一轮循环。在新一轮旅游传播循环中，在前次循环中获得满足的旅游者或潜在旅游者需要便不再成为需要，但在新的条件下，在扩大了的认知场中，新的、有一部分为原有需要之更高一级的需要又滋生出来，再一次通过反馈，到达旅游发展相关部门或旅游企业，又再一次被筛选、评估、引导、转化、开发，并反映到旅游发展战略的再一次修正中，经过修正的旅游发展战略又指导调节新一轮旅游传播循环的传送系统运作，将新的旅游信息传送给旅游者或者潜在旅游者。从而，不断更新旅游者或者潜在旅游者的认知，不断开发出他们新的需求，旅游相关部门或企业又开始针对这些需求进行搜集整理信息，如此反复，周而复始。

在不断开发旅游者或者潜在旅游者的新需求的过程中，新的旅游者或者潜在旅游者也在不断地出现，这时候就出现了一种新的动力性因素，不断对旅游发展相关部门或旅游企业提出新的要求，旅游发展相关部门或旅游企业也据此对旅游发展战略进行调整、再调整以至无穷。在这种良性循环的互动下，新的需求不断被开发出来，旅游发展战略亦能够不断优化完善，旅游传播螺旋呈无限扩展的趋向。

这种旅游传播系统本身的运动，需要旅游者或者潜在旅游者与旅游企业或者旅游发展相关部门的旅游发展战略不断地互动才能完成，而要保证旅游传播系统正常运作，则必须保证旅游者或潜在旅游者与旅游发展战略的互动能够有效、顺利地实现，这就提醒旅游发展主管部门或旅游企业，要重视、尊重旅游者或潜在旅游者需要的自觉意识，要时时主动依据旅游者或潜在旅游者合理需要，对旅游发展战略进行适当地调节与修正，只有双方都保持合理的尊重与互动，这时候这种旅游传播系统本身的运动才能够正常地进行运作下去。

二、 旅游传播的机制

如今，随着技术的发展、社会的进步，信息传播的范围越来越广，信息传播的速度也越来越快，在旅游信息传播方面，各个不同的环节衔接在一起，构成了旅游信息流通的渠道网络。旅游传播机制根据不同的标准可划分为不同的类型，从传播界面来看，旅游传播的介质有很多种，比如自我、人际、多媒体、网络等都可以进行旅游信息的传播。从传播方向看，则可分为单向传播、双向交流传播等。

（一） 旅游传播的基本原则

旅游信息在传播的过程中，还需要遵循一定的原则，也就是旅游传播的基本原则。对于旅游传播活动来说，传播原则既是出发点，又是调控器。它在一定程度上决定着旅游传播内容的安排、旅游传播谋略和技巧的运用以及旅游传播符号和媒介的选择。因此，掌握并遵循传播原则，就能提高旅游传播效果，实现旅游传播目的；反之，就会降低旅游传播效果，甚至走向目的的反面。在现代社会，成功而有效的旅游传播活动必须遵循和坚持以下原则。

1. 精确性原则

信息本身是实用的，可以为从事经济活动的相关单位获取利润。但是信息实用的前提是信息一定要遵循精确性原则，也就是信息要始终保持精确，这是信息的本质和生命。在一场商业战中，如果传播的信息偶有误差，那么整个公司甚至会全军覆没。对于旅游信息来说，旅游传播效果的好坏，与信息的精确性有着脱不开的联系，这主要与受众对于传播信息的了解程度，而受众是否认真深入地了解，又与旅游信息的传播精确性有关。在事物与事物之间、判断与判断之间，要准确地认识它们之间的联系，这就需要"定量"描述，这种"定量"描述便是"信息"。

在事物之间与判断之间，需要一个媒介，这个媒介帮助一次又一次"定量"过程的完成，传播着旅游信息。在旅游信息一次又一次地传播之中，旅游信息也在逐渐地精确。也就是说，在旅游信息的不断传播之中，不确定性逐渐被消除，精确性逐渐展现出来。

信息，就如同一个"商品"，随着技术越来越发达，信息越来越精确，成为市场中不可或缺的一部分，按照经济规律与市场法则，不断地向前发展。

旅游信息传播活动中必须保持所传播旅游信息的原貌，使旅游信息以本来面目出现在受众面前，即必须求实存真。在旅游信息传播过程中，我们要始终保持旅游信息的真实性，但是，这并不容易。如今，在旅游信息传播过程中存在着许多旅游信息失真的现象，甚至有一些旅游信息被歪曲成完全不认识的样子，破坏了旅游信息的真实性，不利于游客获取真实的信息。这些现象发生的原因有很多种，比如，传播媒介缺陷带来的干扰；人为的理解错误；人为的恶意篡改；旅游传播模式的不足；等等。总之，造成这些旅游信息失真的原因是多方面的。如今，随着信息化、网络化程度越来越高，旅游信息的传播也逐渐趋于网络化。利用网络来传播旅游信息，十分便捷快速，克服了时间与空间的限制，能够随时随地对旅游信息进行传播，还能够随时参与互动，及时获得反馈，便于双方之间的互相理解。但是我们仍然要时刻保持警惕，尽管网络带来了许多便利，它也带来了许多的危险，传播的信息很容易被篡改，从而造成数据的混乱与失真。在旅游信息传播过程中，现代旅游工作者要维护旅游信息的真实性，这也是需要考虑的一个重要问题。

另外，传播旅游企业产品与服务信息，主要也是为了扩大宣传，提高旅游企业的知名度。因此，在旅游信息传播过程中，更应该实事求是，传播真实的旅游信息，博得人们的好感，获取潜在的消费者，树立一个良好的形象。

在旅游相关信息传播过程中，要想吸引更多的旅游者，这就需要做到以下几点。

首先，旅游传播信息要能够准确地反映出旅游产品和服务质量，这也是旅游者最关心的问题，是传播信息要反映的主要信息。要讲述清楚旅游产品是什么，旅游产品的特点等，只有明确了解了旅游产品是什么，旅游者才能确定自己是否有兴趣。旅游质量也是十分重要的，如果一家旅游企业的旅游产品十分优美自然、令人神往，然而服务质量却一言难尽，那么也不会有多少游客前往。有一些旅游企业为了吸引游客前来，避重就轻，通过一些表面的、虚假的东西来吸引客，有的夸张到难以置信的程度，或许可以骗取部分旅游者前往，但最终会失去更多旅游者或潜在旅游者的信任，这是得不偿失的。在旅游信息传播过程中，一定要传播真实的、精确的信息，让游客感受到旅游企业的诚意，赢得顾客的信赖，让顾客感觉到安心，认认真真地对待他们，不能恶意欺骗，也不能敷衍了事，只有诚心以待，才能获得回报。

其次，旅游企业要树立一个良好的企业形象，不断向公众传播企业的经营理念与行为准则，让更多的顾客能够体会到企业的理想，感受到企业奋进的氛围，无形之中减轻公众对于广告宣传的逆反心理，将大众变为企业形象的代言人。对于一个企业来说，如果产品与服务是高质量的，企业员工是高素质的，广告制作也是独具风格、耳目一新的，那么就可以树立好一个良好的企业形象。这种良好的企业形象不仅能够让大众观感提高，而且还能够使企业内部的员工更加有自信心，从而油然而生一种信念感。对于公众来说，他信任这个企业，也就是说，他信任这个企业生产的产品与提供的服务。

2. 互动性原则

在旅游信息传播过程中，还需要遵循的原则是互动性原则。所谓互动性原则，也就是说信息之间不能是单向的，而应该是双向互动的。在信息传播过程中，信息的传播者与接受者之间应该是对等的关系，传播者传播信息，接受者接受信息，在信息传播地逐渐深入之后，基于信息传播的互动性原则，二者的角色可能会发生转化，信息的传播者变为接受者，信息的接受者变为传播者。

对于旅游企业来说，旅游者十分重要，他们是旅游信息传播的接收者。他们接收旅游信息，享受旅游产品和旅游服务，旅游企业服务他们，从他们身上获取利益。因此，对于旅游企业来说，扩大传播渠道，多多吸引旅游者，获取利益，这是一个十分重要的事情。

另外，仅仅扩大传播渠道也是不够的，旅游企业还要善于倾听，倾听旅游者与员工以及社会大众的意见与建议，重视反馈，这样才能真正地获得旅游者与大众的理解与支持。旅游企业在制定相关措施或决策时，也要依据相关意见，不能一意孤行。在进行旅游信息传播时，不能一味地进行强制性的灌输，这样不仅达不到传播想要的效果，甚至还可能会事倍功半，招致大众的反感。在旅游信息传播之中，要采取一种平等的态度，使大众了解相关旅游信息，重视双向互动，完善传播手段，扩大传播的效果。

3. 公开性原则

公开就是要增加透明度，旅游信息的传播应是公开的而非封闭隐瞒的。旅游传播活动中的公开性原则，主要适用于旅游大政方针、旅游法规及旅游发展战略等重大而全面性的旅游信息传播。

在旅游传播活动中，要遵循公开性原则，这主要是依据旅游传播的性质来说的。旅游传播，面向的是全体大众，旅游信息，是对所有人传播的，具有大众性和社会性，所有人都可以接收旅游传播的信息。

旅游传播的公开性，是指旅游传播是一种自由的传播，不受任何限制，没有空间界限，人们既有传播旅游信息的自由，又有接收旅游信息的自由。在社会中，人们不能隐瞒或遮蔽旅游信息的本来面目，要公开地向社会表述旅游信息，不能隐瞒。这也是人们获得社会公众信任的有效途径。

另外，公开性除了使得旅游信息的传播具有一定的权利，还使它也要履行相应的义务，即在旅游信息传播过程中，要时刻地向社会公众告知旅游业发展的相关情况。旅游业的公开性，是旅游传播公开性获得意义与价值的基础，具有十分重要的作用。在公众知情权范围内的信息，一定要告知广大民众，无论是政府、企业还是其他任何人，都有义务告知公众，若未告知公众从而引起了严重后果，信息拥有者应该要承担必要的道德责任和法律责任。

（二）旅游传播的媒介选择

许多媒介都能够传播旅游信息、宣传旅游活动，通过对这些传播媒介的透彻分析，我们可以选择合适的媒介来宣传旅游相关信息，不断提高旅游企业的知名度、吸引大众。通过宣传，旅游目的地能够不断发挥各自的独特风情与民俗，塑造出比较良好的旅游形象；旅游的酒店、旅行社等服务行业也可以推出自己的产品与服务，不断赢得认同；在旅游目的地附近的相关商品也可以使游客不断了解并购买；另外，旅游目的地也要获得反馈，从而调整与改进。通过这些，我们可以知道，在旅游信息传播过程中，要经过很多个环节，在这些环节中需要传播媒介的不断参与，比如广播、报刊、网络等等，正是由于这些传播媒介的不断参与，这些旅游信息才能源源不断地广泛传播开来。

1. 我国旅游传播媒介分析

我国传播旅游信息的媒介有很多种，根据其是否专业，可以将其分为两大类，这两大类分别是专业性和非专业性旅游信息传播，在此重点介绍专业性的旅游信息传播媒介。

（1）印刷类媒介

我国的印刷类媒介，主要是指实体书类的媒介，大致可分为三种，分别是报纸类、期刊类、图书类。

第一，报纸类。报纸类的信息主要是供人们评阅时事、了解国内重大事件情况的，它面向的是广大人民群众。在报纸中，主要刊载的旅游传播信息大致包括业内的新闻资讯、旅游相关资源与线路、旅游相关的各种实用信息。在旅游相关实用信息内，主要介绍的有旅游相关的食物、住宿、出行、游乐、购物等信息，还有旅游目的地的风俗人情、气候、注意事项等，十分细致。除这些旅游信息外，还有专门刊载旅游信息的报纸，如《旅游新报》《中国旅游报》《旅行报》《市场报·旅游市场》等。

第二，期刊类。期刊类，主要指的是杂志。杂志，是一种周期性出版物，一般介于书籍和报纸之间，提供给大众各类阅读材料。在杂志上刊登的旅游信息大致可分为三类，分别是摄影图片信息、目的地专题信息以及出游装备信息。其中，摄影图片信息，主要是指旅游地的一些图片，通过展示那些清新秀丽、惊险壮观的场景，吸引人们的注意力，强调了这些旅游场地的观赏价值，使读者通过图片观察到那些美丽的场景，宣传了旅游地的美。目的地专题信息，主要是向游客介绍目的地的民族风俗、风土人情、娱乐美食、注意事项等等，提醒人们去一些地方首先要做好充分的准备。出游装备信息，是指在出游过程中需要携带的装备，比如，摄影器材、防护装备等等。在这些期刊类杂志中，有一些专门讲述旅游信息的相关杂志，比如《旅游论坛》《旅游科学》等等，这些杂志的学术性比较强；还有一些服务性的旅游相关杂志，比如《旅游》《旅游天地》《旅行家》《西部旅游》等等。

第三，图书类。图书传播旅游信息的类型主要分为以下三种，分别是大众化的旅游观光指南信息，深度文化旅游信息以及自助体验式旅游。大众化的旅游观光指南，是指针对商务游、观光游等问题进行简单介绍，帮助人们对旅游产生相关认识。深度文化旅游信息，是指不仅仅向人们介绍景点相关内容，还要向人们介绍当地的一些历史故事、风俗习惯、文化风情等等。自助体验式旅游，主要是讲述旅游相关的路线攻略，当游客们选择自主旅游时可以参考其中的一些相关信息，来完成自助式旅游，比如云南人民出版社的《丽江的柔软时光》、广东旅游出版社的《藏羚羊自助旅游手册》系列图书等等，这些自助体验式旅游图书极大地发挥了主体的原创性，十分受到大众的欢迎与喜爱。

（2）电子类媒介

目前，比较常见的电子类媒介主要有三类：广播、电视、旅游网站。这些电子类媒介使人们能够更加便捷地获取旅游传播类的相关信息。

第一，广播。通过各类综合性电台或者音乐、交通电台可以很容易收听到旅游相关信息。全国有多家电台，这些电台中的节目有的便是以旅游作为主题，展示了不同地方的风俗习惯、文化历史、气候变化、饮食特色等等，向民众们传播各地旅游信息、介绍各种大型的旅游活动等等。

第二，电视。相比起广播，电视更加绘声绘色，通过声音与画面的双重表现，让观众能够享受到无与伦比的美的感受。在不同的旅游地，有着巍峨的山脉、壮观的建筑、波光粼粼的湖水、清新秀丽的村庄……电视集声、形、色、美于一体，功能十分强大，受众也十分广泛，通过电视，能够将这些旅游信息传播给更加广泛的人群，增强人们对于美景的向往，吸引着人们不断到目的地进行旅游。

第三，旅游网站和网页。与前面两种相比，这种传播介质更加强大，它不受时间和空间的限制，可以随时随地进行旅游信息的传播。典型的有华夏旅行网、中国旅游网、携程旅行网等等。

此外还有户外旅游传播媒体，如公路上的景区指示牌、公众场合的宣传牌等，种类繁多，在此不一一赘述。

2. 我国旅游传播媒介选择

在传播旅游信息过程中，要注意媒介的选择，追求信息传播的最大有效性，这也是每一个信息传播者最基本的目标。旅游传播同样如此，所以，了解并选择旅游传播媒介是有效进行旅游传播的关键。根据不同传播介质的特点以及旅游信息的类别，我们可以选择不同的传播媒介。

我国旅游类的信息传播媒介各有千秋，选择哪种媒介是要因时因地而有所区别，这其中的关键就是看旅游传播媒介所需要达到的目的，这也要求我们结合受众即旅游者或潜在旅游者的自身特点来加以衡量。目前，我国的旅游信息消费市场空间比较小，这主要有两个原因。一是由旅游信息的特点决定，一般情况下，旅游信息可获得的途径多，旅游者可以自己查阅资料或者询问官方，并不一定需要依赖专业的旅游媒体；旅游信息更新的时间也比较长，各个景区基本情况一般是稳定的；旅游信息的要求也比较高，必须要精准无误。二是由于不同的受众对于旅游信息的需求程度不同，而且不同的受众对不同传播媒体的接收情况不同，这在很大程度上影响了旅游信息的传输效果。

三、 旅游传播的模式

模式是对真实世界理论化和简约化的一种表达方式。依据多伊奇的观点，模式具有四种功能：能对资料进行排序和联系，以显示事先没有看出来的资料之间的相似性和关系；能预测人们尚未了解的事情；能成为引出新的未知事实和方法的启发手段；能对我们感兴趣的现象进行测量。反过来，衡量一个模式是否科学可行，可以从以上四个方面来进行考查，即模式的普遍性如何、启发性如何、重要性如何、准确性如何。

旅游传播不同于一般的传播活动，有着其自身内在的活动规律，即旅游传播拥有着本身固有的传播模式。根据旅游传播内容之间的区别，旅游传播模式主要有旅游政策传播模式、旅游信息传播模式和旅游形象传播模式。

（一）旅游政策传播模式

政策传播的模式，主要分为政策传播过程模式、接受政策信息模式和政策传播效果模式。旅游政策的传播模式基本与此相同。

1. 旅游政策传播过程模式

旅游政策传播过程模式包括四个常见模式，这四个常见模式分别是线形模式、长方形模式、梯形模式、波形模式。旅游政策传播过程中信息是从发源地流向旅游政策受众所在的地方，它遵循直线原理。

（1）线形模式

这个模式是根据旅游政策信息在人群中的流动的一般规则而设计的，旅游政策信息从制定完成开始，要到达政策受众，必须要经过一定的程序，即政策制定者—政策贯彻者—政策执行者—政策受众。

（2）长方形模式

长方形模式，是指旅游政策信息不仅通过四组人群，还需要经过三次途径、方法、媒介的选择。在旅游政策传播活动中，这三次途径、方法、媒介的选择，是旅游政策传播活动中的特色。

（3）梯形模式

梯形模式，是根据国家的行政机构特征而设计的。中国行政机构的设置分为中央、省、市、县、乡、村等层次，在旅游政策传播中构成若干梯级，从上到下一级一级地传播。

（4）波形模式

波形模式，顾名思义，就是如同水波纹一般，从中心向着周边不断地扩散、延展开来。在旅游政策传播过程中，旅游政策信息从发源地不断向着周边扩散、辐射，在这个传播过程中，每一个人、每一种媒体、每一个层次，都可以成为一个"点"，由这个点向着四周不断传播。这种波形的传播模式，往往适用于那些关系到全体受众的日常生活又保密性不强的传播信息。

2. 接受旅游政策信息模式

政府制定好旅游政策之后，就开始广而告之，多多宣传，让民众意识到政策的相关变化，在旅游政策制定出台之后，到最后传播到旅游政策受众耳中，中间经历了一系列的传播过程。下面，针对这个传播过程，进行简单叙述。

（1）"登机"模式

"登记"模式，是指旅游政策受众接收到旅游相关政策信息这个过程是一步步的，就像在飞机起飞之前，乘客一个个登上飞机一样，这是一个连续的过程、是一个有序的过程。旅游政策者接收到信息，内心也要经历一个循序渐进的发展过程，在这个过程中，要经历五个步骤，这五个步骤分别是刺激感官、引起注意、理解政策、促进态度转变、产生符合政策的行为。

（2）"变脸"模式

"变脸"模式指的是旅游政策信息的符号转变过程，旅游政策必须要经历符号的转变，才能被旅游政策受众接收，旅游政策经过符号的转变，从信息转变为讯息，经过"化入""化出"之后，才能快速地传播开来，这个过程就犹如变脸一般，因此，被称为"变脸"模式。

（3）"渗透"模式

新的旅游政策制定出台之后，不同的人有不同的看法，由于旅游政策受众不同，对旅游政策也会产生不同的心理看法。根据受众心理发展状况的不同，对这些旅游政策受众采用不同的传播策略，采取"渗透"模式，使他们逐渐接受旅游政策信息。

3. 旅游政策传播效果模式

在中国的政策传播实践中，已积累了很多提高政策传播效果的经验。通过对这些经验进行分析总结，我们最终可以得出三种分析政策传播效果的模式，下面，针对这些旅游政策传播效果的模式，我们做一个简要分析。

（1）同心圆模式

利用这种同心圆模式，可以对政策传播效果做一个简单的定性判断和定量判断。所谓同心圆模式，在旅游政策传播效果模式中，就是指以旅游信息传播者作为圆心，最终测算出传播效果的模式。这种同心圆模式，是根据旅游政策实施的时间、旅游政策传播的范围、旅游政策受众的身份、旅游政策受众的多少等各个方面来进行设计的。

（2）坐标模式

坐标模式，是指利用"坐标"图来表示旅游政策传播效果中的各种有利因素与不利因素，哪些帮助旅游政策的传播，哪些不利于旅游政策的传播，根据这个"坐标"图就可以大致测算出旅游政策传播的效果。在这种坐标模式中，一般情况下，要获取的旅游政策传播效果的困难程度与时间长短成正比，横轴一般用来表示"改变"时间的长短，纵轴一般用来表示"改变"的难易程度。在旅游政策传播过程中，如果传播的内容是知识、态度和行为，那么这时候传播的效果就会有难易程度之分，达到传播的效果的时间也不相同。

（3）压力模式

在旅游政策传播过程中，其传播效果与某些因素施加的压力有关，而且这些压力与传播效果呈现出正比关系。在旅游政策传播过程中，其传播效果受到很多因素的影响，比如舆论、政治形势、经济形势、社会制度等等。这些因素能够对旅游政策的传播效果产生多大的影响，主要看这些因素与旅游政策传播活动之间的相容程度。二者之间相容程度越大，越容易产生压力，压力越大，旅游政策传播的效果也就越好。

（二）旅游信息传播模式

这里的旅游信息是指狭义的旅游信息，即与旅游活动密切相关的"食、住、行、游、购、娱"六要素的相关信息。

1. 基于生态学的旅游信息传播模式

基于生态学的旅游信息传播模式，是指在生态学的启示下建立的一种旅游信息传播的模式。这种信息传播模式，与生态学的原理有很多相似的地方。信息在传播过程中，具有两种运动，这两种运动分别是正向运动和反向运动。信息的正向运动方向是：感性认识—信息传递—信息反馈—理性认识。信息的反向运动方向是：理性认识—信息传递—信息反馈—感性认识。二者是相反的，信息的正向运动是从感性认识到理性认识的过程，信息的反向运动是从理性认识到感性认识的过程。

在信息时代，信息是十分重要的资源，不可缺少。在信息化社会中，其中心就是信息的生产、储存、加工和传递，这四个阶段都十分重要。在旅游信息系统中，信息的传递更加重要，通过旅游信息的传递，人们充分地收集并利用"食、住、行、游、购、娱"等各方面的信息，以便做出恰当的出游计划或完成一次美好的旅行。

在旅游信息系统中，旅游信息传递可以被分为四种形态，这四种分别是单向传递、多向传递、主动传递以及被动传递。两者交叉融合之后，形成了旅游信息系统中传递的主要类型，即多向主动传递、多向被动服务、单向主动传递、单向被动服务。其中，多向主动传递的形式如旅游产品展示会、旅游景点开发等；多向被动服务如宾馆接待游客；单向主动传递如旅游企业跟踪服务；单向被动服务如旅行社的旅游咨询服务。在传播过程中，无论采用哪种传递类型，都是为了满足用户的需要，通过调控管理方式、协调服务手段，最终实现旅游信息资源的导向化利用和传播，不断克服传播瓶颈，实现旅游信息资源的最大化利用。

2. 旅游广告传播模式

这种旅游信息可以采用拉斯韦尔提出的一个传播模式：谁（Who）—说了什么（Says what）—通过什么渠道（In which channel）—对谁说（To whom）—有何效果（With what effect）。拉斯韦尔对大众传播中的一些现象进行分析研究，最终将这些研究现象归类，使它变得清晰、有条理，形成了一个旅游信息传播的模式，这个模式的名称就是"五W传播模式"。这个传播模式具有五大模块，根据这五大模块，可以将它分为五个大的研究领域，这五个研究领域分别如下所示。

（1）谁——传播者研究

这第一个"W"（Who）是专门研究传播者的。传播者是什么人？是公司普通员工，还是广告策划人？在旅游传播过程中，一个好的传播者至关重要，传播者不仅要选择传播的内容、选择传播的媒介，还承担着与信息收受者互动的责任。

在信息传播过程中，如果传播者是一个久经沙场的广告人，那么他就会有充足的创意，采用各种创意手段来传播信息。广告公司是一条纽带，既要作为广告主负责人，还要与广告媒介合作交流，从而寻找出最佳的广告媒介。

（2）说了什么——内容研究

这个"说了什么"，实际上就是指传播者所传播的内容，因此，在旅游广告传播模式中，这个环节就是指研究广告的信息生产，也就是研究广告的创意设计制作。

在研究广告的信息生产过程中，首先需要解决的问题就是广告的中心到底是什么。我们要设计的是旅游广告，那么中心就必须是旅游者或者潜在旅游者，吸引他们前来旅游。旅游广告信息生产中必须遵循五条原则：第一是把握分寸。不能吹嘘过头、夸张过火，产生造假之感。在广告制作中，可以使用一定的艺术夸张手法，来向潜在旅游者介绍当地美景，但是注意此时的艺术渲染始终要保持好一个度，不能越界。第二是准确表达，避免误导。在向潜在旅游者介绍旅游产品或服务时，要实事求是、实话实说，将旅游产品或服务的性质、特点等准确真实地传达出来。第三是明确诉求。也就是说，在进行广告信息生产过程中，要注意广告的简洁明了，广告必须要高度简练、明确，这样才能够有记忆性。第四是分清主角。在广告信息生产过程中，要明确广告的主角是什么。要传播旅游信息，广告的主角必然是旅游产品与服务。第五是风格和特色。在旅游传播中，要使得潜在旅游者印象深刻，就一定要足够特别。在广告中将风格与特色展示出来，不仅可以使潜在旅游者加深印象，增加他们的兴趣，还能够更容易得到国际市场的承认。而且从文化的心理上去接近消费者，还可以增强消费者的信任，有利于旅游的传播。

（3）通过什么渠道——媒介研究

首先，旅游传播者要研究各类媒体，根据传播内容的不同特点，选择合适的媒体，然后利用这些媒体渠道进行传播，以期达到最经济、最有效的目的。其次，要进行媒介策略研究，所谓媒介策略研究，是指播放广告的策略，在什么时间播放旅游广告，要根据旅游潜在受众的特点以及成本资金来合理安排。常见的媒介策略主要有四种方式，这四种分别是集中刊播策略、均衡刊播策略、季节刊播策略和节假日策略。其中，集中刊播策略，是指在一段时间内高频率、高密度地集中播放广告；均衡刊播策略，顾名思义，播放次数比较均衡，常年都播放旅游广告，不断刺激着人们的兴趣；季节刊播策略是指随旅游淡旺季变化投放广告；节假日策略是指利用节假日来投放广告，这时候由于是节假日，价格一般也会相较普通日子而比较特殊。最后是媒介组合。将各种媒介进行组合，采用多种媒介方式来对广告进行传播，结合了各种传播媒介的优点，这样传播的范围更加广泛，传播的人群更加多，效果也更加好。这种广告媒介的组合可以产生两种效果，这两种效果分别是相辅相成的效果和相互补充的效果。所谓相辅相成的效果，是指同一个广告在广播、电视、网络上进行传播，这三种媒体相辅相成，共同传播着广告。相互补充的效果，是指多种媒介对同一个广告进行传播，当一个人几次看到这个广告时，这时候传播的效果是相互补充、不断强化的。在广告媒介组合中，要依据广告的具体情况具体分析，根据广告的特点选择合适的媒介组合。

（4）对谁说——受众研究

旅游广告传播模式中的"对谁说"是指对旅游者或者潜在旅游者的研究。在广告创意设计过程中，要明白"对谁说"十分重要，只有明确目标对象，才能对症下药，设计出符合目标对象受众的广告。明确"对谁说"，这是受众研究的第一个层面，之后还要进行受众研究层面的深入研究，研究旅游者或潜在旅游者的消费需求、消费习惯和消费心理等。

（5）有何效果——效果研究

这是"五 W 传播模式"中的最后一个阶段，在传播过程完成之后，要对传播效果进行研究，根据传播效果的研究来对传播过程进行改进。我们采用各种手段、措施进行传播的目的是要尽可能地提高传播的效果，使传播效果最大化。在传播过程完成之后，传播效果能够产生一定的影响，传播效果产生的影响主要有两个方面，这两个方面分别是对个人以及对社会的影响。对于处于不同年龄阶段的人们，传播效果的影响有大有小。儿童正处在发育之中，生理心理发育还不健全，经常模仿别人，一些简单的、形象鲜明的广告很容易受到他们的喜欢和模仿。青年人也容易受到广告的影响，青年人虽然已经有了一些社会经验和生活经验，但是他们仍然比较稚嫩，求知欲比较强，喜欢接触各种媒介，广告传播能够对他们的思想和行为产生一定的影响。当他们准备前往某地旅游时，就会特别关注该地的旅游宣传广告等信息，并做出相关决定。

广告公司进行传播效果研究时，大致包括三个阶段，即前期、中期和后期。

在前期，他们会预测传播效果；在中期，他们会进行测试；在后期，他们会对传播效果进行评估。另外，还需要了解广告的接触率、促成旅游者出游的原因、报刊发行量等等，这些也是辅助传播效果的重要研究材料。

要想提高传播效果，广告公司和媒介广告部门应该要重视广告的反馈收集工作，逐条分析总结，积累经验，发现问题，改正问题，不断提高广告传播的水平。

3. 导游服务传播模式

导游服务是旅游信息传播的关键一环，成功与否直接关系到旅游者旅游目标的实现。导游服务信息一般遵循双向传播模式。

（1）导游服务双行为模式

传播的双行为模式是 1954 年由奥斯古德在充分认识到香农和维纳模式的"非人类"的缺点并采用其中合理内容而提出来的。

在信息传播过程中，必不可少的两个人，就是传播者和接受者。双方互动的过程就是信息传播的过程。在传播活动中，每个人既是发送者又是接受者，既编码又译码，都具有双重行为。这种双向互动的情形，在导游服务的过程中一般是面对面交谈，所以是直接的。

（2）导游服务的循环模式

这种模式是在一定的范围之内的，只有在一定范围内的信息才能被循环共享，这种循环模式在传者与受者之间实现，传受双方通过编码、释码、译码来传递、接收信息，双方互相作用、互相影响，他们传播信息、分享信息和反馈信息的过程是循环往复、持续不断的。

（三）旅游形象传播模式

一个旅游地的形象一般由其本地的文化特色、旅游标识系统和旅游新闻公关等具体塑造而成。

1. 旅游文化传播模式

（1）多向交汇型传播模式

多向交汇型传播模式，是指各种不同的文化交汇而成的一种传播模式，在这种传播模式下，往往并不是只有一种主体文化，而是多种文化相互交流，共同存在。一般情况下，这种多种文化交汇的传播模式，往往处于交通比较发达的旅游地区。这种多文化交汇的模式形成，主要有两个方面的原因。一是主文化受到了一些外部政治社会因素的影响，如民族迁徙、异族入侵等等，从而使得主体文化难以保持强有力的历史文化连续性；二是各种不同文化的相互交流渗透，使各种文化不断交汇融合，不断发展更新。

（2）选择吸附型传播模式

选择吸附型的传播模式，主要与外部文化的发展有很大的关系。不过，这种模式主要依靠外部文化的刺激，比较被动。当主体文化与外部文化碰撞之后，主体文化就会受到刺激，从而对外部的各种文化进行比较和选择，自身也在不断地发展。这种旅游文化传播模式往往是落后地区或后发展地区旅游地的首选，利用得当就可能发挥出它固有的后发优势。

（3）维模型传播模式

维模型传播模式，其中"维模"是指维护模式的功能，在文化传播过程中，这种传播模式能够起到维护原有文化的功能，对于外来文化起到一种选择作用和自我保护作用。当外来文化与原有文化发生交汇时，若外来文化能够作为一种新的营养补充到原有文化之中，有益于外来文化的维护，那么外来文化就会很容易被接受；但是如果外来文化会危害原有文化，那么此时的维模功能就会肩负起维护原有文化的功能，防止外来文化的侵入。一般来讲，旅游地在发展的起步阶段都会扮演"守门人"的角色，而当旅游地的发展进入成熟阶段后，它就会对外来先进文化持欢迎态度。

（4）优势扩散型传播模式

优势的文化将会生存下来，劣势的文化将会被淘汰。文化传播中的这种传播模式叫作优势扩散型传播模式。一般情况下，优势的文化就是指文明程度比较高的文化，劣势的文化就是指文明程度比较低、比较愚昧落后的文化。优势文化的传播力更高，这是因为优势的文化能够改变人类现有的生活，符合人们对于美好生活的追求。随着社会的发展，劣势的文化逐渐被人们所淘汰。人类为了满足各方面的需要，必须要不断地进行优先选择。相对发达的旅游地，其文化传播一般采取这种传播模式。

2. 旅游新闻公关传播模式

旅游新闻公关传播模式主要适用于那些老牌的旅游地，可以潜在地影响旅游者对于旅游地的形象认知，取得十分喜人的效果。通过新闻来对旅游信息进行传播，有利于增强民众的信赖性，便于旅游者接受。由于新闻具有延续性，旅游者通过新闻了解了旅游信息之后，就会不自主地跟踪了解更多的信息。我们都知道，桂林山水甲天下，桂林，作为一个闻名天下的山水美景旅游地，已经成为中国的一个形象符号，吸引了许多外国的官员政要们前来拜访。桂林应该抓住时机，不断向外界展示自我，积极承办各种大型活动、会议等，不断活跃在人们的视野中。这样，桂林的形象不断地被刷新，发挥近因效应的作用，吸引人们不断地去桂林旅游。

在传播模式上，旅游新闻公关信息可采取香农-韦弗传播模式。在旅游新闻公关信息的传播过程中，信息来源即说话者从所有可能的信息中选择一个他所想要的信息，把信息通过传播工具如麦克风传播出去，变成讯号。讯号被接收器接收到了又变回一种讯息，然后传到目的地——受听的人。在传递过程中，这些讯号一定会受到某种程度的曲解或干扰，这就是"噪音"。

3. 旅游节事活动传播模式

所谓旅游节事活动传播模式，就是指利用各种节日、盛事等的庆祝活动来传播旅游信息、吸引游客，相比起其他模式，这种传播模式更加生动活泼，具有当地的民俗特色，更容易受到旅游者的喜爱。旅游节事活动，是一种旅游形象传播手段，具有观赏性、参与性和大众性的特点，对于传播旅游地的旅游形象具有十分重大的意义。这种旅游节事活动，往往十分具有民族特色和地域特色，当利用这种模式进行旅游信息传播时，可以将这种节事活动发展成为一种标志性的旅游节庆，让它成为旅游地形象的一种特殊指代物，这有助于旅游地特殊形象的打造，比如青岛啤酒节、西双版纳傣族泼水节、内蒙古那达慕大会等等。

旅游节事活动的传播可以采用德福勒传播模式，德福勒传播模式借鉴了香农-韦弗传播模式的经验，并进行了改造。它对香农-韦弗传播模式的直线性模式做了根本的修改，从而使传播活动能够进行高度的循环，变成了一个高度循环的系统。

一项旅游节事活动的开展，往往要花费大量的人力、物力和财力，因此，及时获取信息传播活动的反馈信息，努力修正其不合理的部分，使之符合旅游者或潜在旅游者的真正需求，是极其必要的。所以，旅游节事活动的传播应该采取这种重反馈的传播模式。

四、 旅游传播的规律

万物都有其规律，旅游传播也是如此。在旅游信息传播过程中，也有其发展规律，要研究这个规律，就必须首先研究信息传播的模式。信息在传播过程中往往有三种模式，这三种模式分别是接触模式、扩散模式和载波模式。其中，接触模式是指在信息传播过程中通过直接物理接触传递信息的模式，具体形式有抚摸、生物遗传等等，通常将这种直接接触传递信息的形式归入心理学、生物学的范围进行研究。扩散模式，是借助一些媒介媒体来传播信息的模式，这些媒介媒体包括语言、书籍、报刊、广告等等，具体形式有读书、视听交流等等，这种媒体传递信息的形式主要被归为传播学的研究领域；载波模式，是指利用载波传递信息，载波包括声波、电磁波等等，具体的信息传播形式为电话、电视、声呐等等，这种载波形式的信息传播通常情况下被归入通信工程研究领域中。信息传播的规律也是建立在这三种基本传播模式基础之上的，信息传播的规律可分为接触模式信息传播规律、扩散模式信息传播规律、载波模式信息传播规律等等。

旅游传播除了需要遵循基本的信息传播规律之外，还需要遵循它自身的规律，旅游传播中需要遵循的自身规律大致可以分为三种，这三种分别是旅游传播选择律、旅游传播效用律、旅游传播接近律。

（一）旅游传播选择律

旅游传播选择律，是指在旅游信息传播过程中，无论是旅游传播者，还是旅游接受者，都要进行选择。一个完整的旅游传播过程，是旅游传播者与旅游接受者共同进行选择的过程与结果。在旅游传播过程中，存在着一种选择机制，这种选择机制的主体是双重的，即旅游传播者与接受者双重主体。

在完整的旅游传播过程中，传播主体与收受主体都要进行选择，不过二者选择的内容不同，传播主体要选择旅游传播的内容，收受主体要选择收受的内容以及收受的方式。针对这个旅游传播过程，从宏观上看，我们可以发现，旅游传播者要选择用于传播目的的旅游传播媒介、发展战略、目标受众等；旅游收受者需要选择旅游传播者、自己需的信息、选择接受信息的媒介等等。旅游传播过程中的选择是一种双向的选择，需要旅游传播者与旅游接受者共同参与，如果缺少了某一方的选择，那么这个传播过程就不再完整，无法实现真正的传播。

旅游传播过程中，旅游传播者与旅游接受者之间的这种选择行为是一种主动的行为，是客观存在的事实，是不以任何人的意志为转移的。对于旅游传播过程来说，这种选择不是一种偶然的行为，而是一种内在的、必然的行为，这是一种规律。

旅游传播过程中的这种选择行为，使旅游传播者与旅游接受者之间形成了一种互动关系，双方可以互相影响，互相制约。旅游传播者选择不同的传播内容，这限定了旅游接受者接受信息的范围，分配了旅游接受者的媒介注意力和信息注意域，引导着接受者的思想观念与行为方式；同理，旅游接受者的媒介选择和内容选择行为也是在制约着旅游传播者的选择行为，影响着旅游传播者的传播观念。二者相互促进，相互制约，共同影响着旅游的传播。

在旅游传播过程中，旅游传播主体与接受主体都会对旅游传播过程产生影响，不过二者所产生影响的大小是不同的，对于传播过程的作用方式也是不同的。旅游传播主体可以直接对旅游传播过程产生影响，而旅游收受主体通常以累积效应的方式来形成对旅游传播主体的影响。

（二）旅游传播效用律

旅游传播效用律，是指旅游传播过程中，旅游传播者与旅游接受者都在追求传受效用。旅游传播者追求的效用，是指旅游传播者要传播旅游的内容，实现传播的意图，争取预期效果；旅游接受者追求的效用，是指旅游接受者要能够获取到自己想要的信息，满足自己的需要。一个完整的旅游传播过程，是在双方互动中进行的，这种双方间的效用互动是一种客观上不可避免的、稳定的、必然的联系，应该满足旅游传播者与旅游接受者双方的需要，既要实现旅游传播者想要的传播效果，又要实现旅游接受者的旅游需要。在旅游传播过程中，旅游传播效用律是一个十分重要的规律。

在旅游传播过程中，接受主体要接受传播主体传来的信息，必须要借助旅游传播媒介进行。旅游收受主体的需求主要包括两方面：一方面，旅游接受主体想要尽可能多地获得自己需要的信息；另一方面，旅游接受者也想要尽可能快地获得有价值的旅游信息。根据旅游接受者的要求，我们可以了解到，旅游传播主体要想实现自己的传播目标，就必须要做到两点：第一，要为旅游接受者尽可能快地提供尽可能多地信息；第二，要为旅游接受者提供更加有价值的旅游信息。在旅游传播过程中，主要有两种追求：一是要追求尽可能大的旅游信息量；二是要追求比较高的旅游信息价值。在旅游传播过程中，这两种追求既满足了传播者的需求，也满足了接受者的需求，是双方的共同追求，这也是旅游传播能够不断循环往复、不断提升的内在机制。

（三）旅游传播接近律

在旅游传播过程中，旅游传播者与旅游接受者都有着各自的理想。旅游传播者希望旅游接受者能够完整地接收到他传播的旅游信息，并且能够正确地去理解旅游信息，希望旅游接受者能够同意他们的传播观念，认可他们的传播内容。旅游接受者希望旅游传播者能够传播自己想要了解的、感兴趣的旅游信息，希望旅游传播者能够以自己喜欢的媒介方式来传播旅游信息，希望旅游接受者能够满足他们的精神需要。

不管怎么说，旅游传播者与旅游接受者渴望双方的希望与期待能够接近或一致，这是他们共同的理想。二者这种渴望双方的希望与期待能够相近或一致的理想，这就是一种规律——旅游传播接近律。旅游传播主体必须要在形式上采用双方都喜欢的传播方式，在内容上选择双方都感兴趣的内容，这样才能够达到双方的期待与希望相一致。只有找到双方共同感兴趣的东西，这种传播才能达到充分的效用，传播者与接受者才能够达到充分的接近。

第四节　旅游传播过程中的要素分析

一、　旅游传播过程中的传者与媒介

（一）传播与控制

如果把整个社会的大众传播活动看作一个宏观的传播过程的话，那么传播者就是这个过程的开端，自从在 16 世纪的意大利威尼斯出现了最早的一批职业记者以来，大众传播从业人员便成为人类社会中一个影响深远的职业群体。因此，拉斯韦尔所规划的传播学的五大研究领域是从传播者开始的。而对传播者的研究，主要是从"控制"的角度进行的，所以传播者研究又经常称作"控制研究"或"控制分析"。这里所指的"传播者"不仅指从事传播活动的个人，还包括一切从事传播的组织和机构。

1. 传播控制的含义

在信息传播过程中，信息的传播要受到传播者的控制，同时传播者还会受到其他因素的影响。这种控制过程包含两个方面，这两个方面分别是施控与受控。"施控"是指传播者对信息传播过程的操纵、选择、干预和影响。"受控"是指传播者受到所在的媒介组织、社会群体、受众及文化、意识形态等方面的制约与限制。

2. 传播中控制存在的必然性

传播与控制是如影随形的，传播的历史有多久，控制的历史就有多久。

（1）对信息选择的必然要求

面对浩如烟海的信息，传播者不可能有闻必录，而只能依据一定的价值标准有所取舍。同时媒介的容量和信道的传输量也是有限的，报纸的版面即使多到几百个，相对于整个世界每天发生的事件来说也不算多，广播、电视一天只能有24 个小时的播出时间，多一秒也是不可能的。即便如互联网这样理论上可以容纳无限多信息的媒介（电脑存储设备的不断扩展，信息的容量从长远来看是没有限量的），但受众的接受能力又是极为有限的，身处快节奏、高压力、瞬息万变的现代社会的大众，对信息只能择其要者而匆匆观之，无暇直面海量信息的狂轰滥炸。因此，在信息传播过程中，传播者要对信息进行选择和过滤，选择好的、对人们有益的信息，摒弃掉那些对人们有害的信息，满足受众的需求。

（2）利益集团对社会进行控制的必然要求

媒介的传播不是在真空中进行的，在大众传播中到处存在着利益集团控制的企图，他们要求放大某些信息同时又使某些信息消失于无形中，对某些内容大肆渲染，又会对某些内容讳莫如深、严加封堵。对传媒的控制是整个社会控制的重要组成部分，是生产和维持统治集团意识形态的表现形式之一。

（3）全社会对危害性信息过滤的共同的必然要求

对传播的控制并非完全是出于政治的考量，无论是任何国家、民族，无论是任何时代，都有一些信息对社会各阶层构成危害，如色情、暴力等信息内容，对这类危害性信息进行过滤是社会的共同要求，无关政治和意识形态。

（4）传播过程中传受双方控制与反控制的意图总是存在着

在传播过程中，传播者总是力图影响受众，以获取最大的传播效果，而普通大众也不是完全被动的，大众面对众多的媒介信息，总是试图只获取自己最需要、最感兴趣或与自己原有的立场、态度、意见相一致的信息，而回避那些自己不需要或与自己原有的立场相悖的内容。

（二）传播控制的手段和形式

1. 内部控制

整个社会对传播过程的控制首先表现在对传媒内部的控制方面，只有首先控制了传媒本身，才能谈得上对整个传播过程的控制。而对传播的内部控制又主要体现在以下几个方面。

（1）传播者

正如布里德对编辑部社会控制的研究所揭示的那样，即使没有明确的说明和解释，出于各种压力传播者也会顺从媒介的编辑方针，接受媒介的控制。当然媒介也可通过精心挑选传播者、对传播者进行培训，或者明确地宣布政策和方针实现对传播人员的控制。

（2）内容

正如把关人理论所揭示的那样，在信息的传播过程中，到处都有把关人对传播内容进行过滤、加工和再传播，经过层层选择、过滤的传播内容不可能是完全客观的。

（3）渠道选择

针对不同的新闻或信息，传播者会通过渠道的选择巧妙地趋利避害。对于某些不宜公开的、容易造成恐慌的信息，要选择内部渠道进行传播。有的信息只通过报纸传播，而不在电视上传播，以免带有影像的信息会产生严重的社会影响。有的电视新闻只放在受众较少的时段播出，而不放在黄金时间播出。

（4）自我控制

社会责任理论就要求传播者实行自律。在比较现代化的国家中，传播媒介一般都会通过制定行业伦理道德规范和行业行为准则对本行业进行自我控制，以免不负责任的媒体行为造成对本行业的伤害。

2. 外部控制

（1）经济控制

经济控制就是最根本的控制形态，正如阿特休尔在《权力的媒介》一文中所揭示的那样，传媒最终受出资人所控制。经济控制是美国这样的资本主义国家中主流的控制方针。经济控制又可表现为两种：一是所有权方式。通过投资或拥有媒介的股份就可以在一定程度上拥有了媒介的支配权。二是广告方式。传媒的广告大客户对传媒也起着重要的控制作用，为了自己的经济利益，传媒在涉及自己广告客户的新闻报道时往往会极为慎重。

（2）政治法律控制

政治法律控制是最直接的控制手段。政府部门和立法、司法部门都可以通过行政或立法手段对传媒的行为进行约束和限制。

（3）宗教

在历史上和现代社会，宗教对传媒的控制一直存在着，通过宗教机构直接施压或通过信仰的意识形态力量都可实现对传播的控制。

（4）技术

大众传播对技术有严重的依赖，因此，通过技术手段控制传播也是常见的手段。特别是在网络时代，对互联网上的一些网站或特定内容进行技术屏蔽或直接切断互联网的连接都是迅速直接的控制手段。在一些国家，甚至根本不允许互联网的接入。

（5）受众

大众传播归根结底是要面向广泛而杂多的受众的，受众面对大众传媒并不是消极的、被动的、无所作为的，他们也会对传播进行一定的控制，这主要表现在反馈上。受众可以通过信件、电话、在线评论等多种手段，直接表达自己对传媒的意见和批评，还可以通过组成一定的团体对媒介集体施压。另外，还能通过放弃自己的阅读、收视行为而对传媒产生压力。

（6）文化与意识形态控制

文化与意识形态控制是一种长期的深层的控制，每一个传媒都处于特定的社会文化背景中，受到一定的意识形态的影响，在从事传播活动时，传媒及其从业人员有意识或是无意识地都受到所在社会的文化与意识形态的控制。

（三）传播媒介的选择

不同的媒介具有各自不同的特点及功能，报纸、杂志、广播、电视以及互联网都有自己的传播优势，也有自身的缺点和劣势，本节主要分析不同媒介的传播特征，只有了解了媒介的特点，才能有针对性地评估媒介的传播效果，从而做出正确的媒介选择。

1. 媒介的特点

（1）报纸

20世纪50年代，电视在发达国家普及，有人说，报纸将被广播和电视取代，但报纸媒体发展至今的事实证明，报纸的生命力是旺盛的，报纸没有失去存在的价值和发展的空间，报纸对人们获取信息仍然发挥着不可替代的作用。这主要是因为不同的媒介有着各自的特点，针对不同的信息要选择不同的媒介，报纸作为一种媒介，有着其他媒介不具备的传播特点。

报纸，是视觉媒体，通过文字来传播信息，利用视觉来供人阅读，这是报纸与其他媒介不同的特点。文字是报纸最重要的传播手段。报纸媒介的传播特点具体如下：

第一，报纸具有解说性。作为以文字为主的传播媒体，报纸不仅报道信息，更重要的是它还承担着针砭时弊、引导舆论的作用，这一点尤其体现在报纸的评论和社论上。报纸相对于电视的娱乐性，可被视为理性媒体，报纸刊登的新闻一般能受到读者的信任。有人说，报纸是理解性媒介，读者是通过报纸上的文字、图片来理解信息，因此，报纸适合刊登新闻背景的分析、解释性报道、调查性报道。

第二，报纸读者具有自主性。报纸让读者有选择阅读时间、阅读速度和阅读地点的自主权，它不像广播、电视媒体对于受众具有强制性，何时何地以何种速度接受电波媒体的信息，必须听从媒体安排，稍纵即逝和过时不候的电波媒体，使受众永远处于被动境地。相反，报纸读者对信息具有很大的自主权，可以根据自己的爱好和习惯，自由选择读报的时间、地点和阅读顺序，或详或略，或快或慢均由读者自己决定。

第三，报纸具有柔韧性。报纸的信息量由于版面可增可减，因此，报纸可以被视为极具柔韧性的媒体。广播、电视等电子媒体尽管24小时都可用于播发信息，但在一个频道上能播发的信息总量是绝对的、有限的，人们不可能24小时都用于接受信息，因此，在相当的时间段，电波媒体有效利用率是很低的，在有效利用率低的时间段里传播的信息，其到达率也很低。

第四，报纸保存性强。广播电视等媒体传播的信息，如果没有录音或录像设备，信息便无法保存。但由于报纸上的信息是印刷品，适合长久保存，它的生命周期更长、更持久。同时，报纸可以反复阅读、多人阅读，从而使报纸的内容具有较高的阅读率和传阅率。

第五，报纸具有权威性。报纸媒体在长期的新闻报道和新闻评论中形成了自己的权威性和影响力。虽然党报和都市报因其级别、性质、传播内容的不同而具有不同的权威性，但总体而言，公众对报纸信息的真实性和准确性认可度较高。

除此之外，报纸也具有一些劣势，比如，报纸的时效性较差，不及广播、电视可以做到实时传播；报纸虽有图片，但也不如电视画面生动直接；不如电视具有现场感和感染力；报纸对读者的文化水平要求较高，读者需具备一定的文化水平才能更好地理解报纸中文字符号传达的信息的意义。

（2）杂志

杂志媒体属于第二大视觉媒体。杂志的特点有以下几个方面：

第一，高品质。杂志印刷精美，这是杂志相对报纸媒体的最突出特点，杂志用纸较好，又经装订成册，注重印刷装帧质量，印刷清晰度高，视觉效果更好。

第二，特定读者指向性。杂志的专业品位是它的特色之一，这种对读者细分之后形成的特定目标受众对象的专门化杂志，使它有特定的读者群，内容针对性较强。但同时，由于杂志特定读者的指向性、专业性强的特点，导致杂志的发行范围过窄，社会影响力不大，传播范围有限。

第三，杂志的重复阅读和保存价值高。杂志比报纸具有更高的保存价值，由于使用寿命较长，反复阅读率也高。

（3）广播

广播是通过电子技术向受众传送声音符号的媒介。声音符号是广播唯一的传递信息、表达思想的物质载体，这是广播媒体与其他传播媒介的根本区别所在。广播的声音可分为语言、音乐和音响三种类型。与其他媒介相比，广播媒体的基本特性有：

第一，时效性强。广播传送的消息，常是当下发生的重大事件，广播利用电波传送消息，速度很快。广播传出声音与听众听到声音几乎是同步的。此外，与报纸、杂志媒体相比，广播节目的制作、传输、接收简单，环节少，因此，广播的时效性强，尤其是在发生重大事件时，广播能够做即时地报道新闻事实，成为时效性最佳的新闻传播媒介。

第二，广泛性。电视把盲人排除在外，报纸要求读者具有一定的识字能力和语文水平，而广播媒体的受众只要具备收听能力，因此受众广泛。同时，广播的覆盖面广，电波所及，都是广播的覆盖范围，人们把它称为"无国界媒体"，因此广播的广泛性明显超越其他媒体。

第三，声音的生动性。广播通过声音传达信息，运用大量的音乐、音响和有声语言，极具现场感、声情并茂，有很强的感染力。与电视运用画面来表现，声音更具有想象的张力。广播语言可以对电视画面很难表现的抽象概念进行描述。当然，广播通过声音语言表现，很大程度上要依靠听众的想象力，这同时包含了在广播信息传达过程中的不确定性。

第四，双向性。与纸质媒体相比，广播互动性更强。广播听众可以通过热线电话的形式，即时地向传播者发出反馈，而其他几种媒体受众的反馈是延迟的。

第五，广播是生活伴侣。人们可以边吃饭、边驾驶边听收音机，广播媒体对受众没有必须与媒体面对面的姿势要求，而是让收音机来适应人，所以，广播可以算是软媒体，这是从媒体对人提出的要求的角度来对媒介进行划分的。

当然，广播媒体也具有一些劣势。广播是线性传播，按时间顺序安排节目的播出，这一点使得听众只能按时间顺序收听，无法自由选择想收听的节目，因此，广播听众的选择性差、自由度低。此外，由于声音转瞬即逝，因此广播内容的保存性差。

（4）电视

与报纸、广播等媒介相比，电视的功能更加广泛，它不仅可以通过文字、声音、图像传播信息，还将它们综合起来，运用电子技术手段，向人们传播着信息。电视自诞生起，便成为最大众化、最具效力的传播媒介之一。在当今各种媒介并存的局面中，电视仍然以其独特的优势占据着非常重要的位置，这是由电视的传播特点决定的：

第一，视听兼备。电视通过视觉和听觉两个渠道同时作用于受众，这是它与其他媒介的最主要区别，也是电视媒体的最大特征。从信息刺激的角度看，电视能够对传播内容进行动态演示，能够展现事物过程，易于理解。它既有影像又有声音，给电视观众身临其境的感觉，易于让人受到情绪上的感染，给人留下的印象最深刻，也容易让受众注意、理解和记忆。

第二，娱乐性强。主动接触文字的行为，具有目的性，需要理智来支持，但在电视面前，我们总是处于被动中，我们不知道所需信息在哪里，接触电视具有随便性，所以，看电视主要是寻求娱乐。

第三，电视是个信息大家庭。电视信息是建立在大众性基础上的，覆盖面广，收视率高。在很多农村地区，电视也十分常见，农村的人们没有很多的文化娱乐生活，大多是通过电视来了解外界的事情。利用电视来传播信息，能够深入群众，触及那些印刷媒体接触不到的受众。卫星电视更是实现了跨地区、跨国界的传播。

电视也具有保存性差、选择性差、转瞬即逝等劣势，这也是电子媒介的共同劣势。

（5）互联网

互联网自诞生以来，经过几十年的发展，现已成为当今世界上最大的、应用最广泛的计算机信息资源网络。互联网正在改变着人类的生活。互联网是一个新生事物，具有许多传统媒体不具备的特点：

第一，信息内容极其丰富。网络信息量极大，其他媒介都无法与互联网储存和发布的信息相比。互联网信息的主要形态既有文字、图片、声音、视频，还包括数据、超链接等，信息的呈现方式非常丰富。

第二，交互性。传统的大众传播媒介是单向传播，信息反馈迟缓、模糊，受众的选择性受到很大限制。互联网是真正意义上的双向传播，具有即时反馈的特点，每个用户都可以在网络上自由发布信息、表达观点。如果说传统的大众媒体是强势一方，受众是弱势一方的话，那么，互联网的传受双方更加平等，受众可以随时对传播者发出的信息进行评论和反馈，以便传播者根据反馈来调整后续的传播内容。

第三，超时空传播。网络媒体不受时间和空间的限制，任何人都可以通过互联网接收和传播信息，互联网的网民分布在世界各个国家和地区，受众非常广泛。

当然，互联网的发展也带来了一系列问题。比如网络信息的泛滥，容易造成受众的信息接收过载，使受众淹没在网络信息中，往往良莠不齐的信息使受众真假难辨。加之网络的匿名性，信息缺乏过滤，造成网络媒体信息的可信度和权威性不如传统的大众媒体。

通过上述分析，我们可以看到，不同媒介具有不同的传播特点，各有所长，也各有所短，我们只有了解不同媒体的特点，才能更好地发挥其优势，规避其劣势，促进各种媒体共同发展和繁荣。

2. 媒介选择

传播媒介作为信息传递和接收的载体，在信息传播中具有重要作用。信息到底使用哪种媒介传播效果更好？哪种媒介更青睐？传播学中不少学者致力于此类问题的研究。

施拉姆在《传播学概论》中提出了人们选择信息的或然率公式：报偿的保证/费力的程度＝选择的或然率

人们选择不同的传播途径，是根据传播内容和受众使用媒介的难易程度决定的。要提高媒介被受众选择的可能性就有两个办法：一是降低分母值，即减少受众预期的困难；二是提高分子值，即增加受众预期的报偿。分母的相关因素主要是要考虑信息接收的便捷性和使用媒介的难易程度，分子的相关因素主要是考虑信息的内容以及信息能否满足受众需要程度。例如，人们看电视时选择娱乐节目总是最容易收到的节目，如果你觉得晚上八点钟的电视节目能使你在工作之余得到很好的放松，你就会经常看这个节目。

实际上，这个选择的或然率公式适用于我们日常生活的很多情况。在某些时候，某些信息的重要性突然增加，值得我们尽一切努力去获得。然而，即使此时此刻，我们也总是更愿意选择便捷的渠道，或者觉得最有把握、最舒服的渠道。但是，如果可能获得的报偿的确非常大，我们就乐意花上几年的时间去攻读博士学位。

由此可见，受众对媒介的使用不是不加以选择的，受众对媒介的满意程度、受众接触媒介的便捷性等都会影响到他们对媒介的选择。具体而言，人们在选择上，往往注重以下几点：

第一，传播内容的感染力如何？传播内容是否与受众息息相关，符合受众的需要。比如，相对于女性受众更喜爱看肥皂剧，男性更爱看新闻节目和体育赛事。因此，肥皂剧被女性观众选择的可能性就更大些。

第二，传播方式的获取是否便利？比如，当我们在沙发上看杂志的时候，喜欢随手拿起手边的杂志，而不愿意费时费力地去找另一本，除非另一本上有我们非看不可的内容。

第三，传播方式的吸引力如何？也就是传播方式上色彩、动静等对比是否明显，音乐与音效是否引人注意。例如，电视画面的动态效果比静态效果更容易吸引人的注意，印刷媒体上的彩色比黑白更吸引人。

第四，受众的情况如何？比如，受众的传播技能怎样？印刷媒介对读者的阅读能力要求较高，网络媒介要求受众具备一定的电脑操作能力。这些因素都决定着受众的媒介接触和选择。

总之，每种媒介都具有各自独特的传播特点，受众对媒介的选择也是基于多种因素。因此，当我们研究媒介时，除了要研究媒介自身的特性之外，还要了解受众，了解他们的媒介习惯和媒介接触心理，只有这样，媒介才能吸引更多的受众，提高自身的影响力和传播力，从而取得更好的传播效果。

（四）旅游类大众传播方式

旅游传播中传递的大部分信息是可以公开的，是面向广大旅游者和潜在旅游者，甚至是广大公众的。从传播学原理上讲，能够公开的，且其受众带有普遍性的旅游信息传播活动，应该采用大众传播方式进行。目前，最常用的旅游类大众传播方式有报纸、图书、广播、电视、网络等。

1. 报纸传播

报纸是面向广大人民群众的，在报纸上刊载的内容往往是新闻时事以及新闻的相关评论。利用报纸作为传播媒介进行旅游信息的传播，往往有两种途径，一种是普通报纸中的旅游板块，另一种是专业性的旅游报纸。在专业性的旅游报纸中传播的旅游信息可以主要分为四类：业内旅游相关资讯、动态；旅游相关资源以及旅游线路的介绍；游记类文章；一些旅游相关的实用性与服务性信息，比如旅游地区的风俗习惯、美食文化、气候变化等等。

2. 图书传播

相比起报纸传播，利用图书作为媒介来传播旅游信息，能够更加深入细致。在旅游图书中传播的旅游信息的类型大致可以分为三种，第一种是旅游观光指南类信息，这种信息比较大众化；第二种是自助体验式旅游；第三种是深度文化旅游信息，这种深度的文化旅游信息介绍的比较细致，无论是目的地的风俗习惯、气候变化，以及当地人们的饮食习惯、历史文化等都娓娓道来，令人们产生无限神往。

3. 广播传播

广播传播就是指利用无线电波或者导线定时向广大地区播放音响节目，来传播信息。与其他传播方式相比，广播传播的特点就是通过巧妙的语言来产生较强的说服力，对于文化程度不高的人们来说，阻碍比较小，能够引起人们的共鸣。按照传输方式划分，广播可以被分为无线广播和有线广播。

在很多电台中都包含有旅游相关信息，广播中介绍旅游相关内容时主要围绕旅游这一主题，向听众介绍旅游地相关的历史文化、风土人情、饮食特色、大型活动等等。

4. 电视传播

利用电视对信息进行传播，观众们不仅可以看到文字、图片的相关介绍，还能够动态地浏览欣赏旅游地的美景、看特色美食的制作方式、欣赏旅游地的大型活动等等。相比起图书传播和报纸传播，电视的功能性更加强，观众们能够接收到更加综合全面的旅游信息，节目内容也更加的丰富多彩。

5. 网络传播

随着互联网的日益普及，网络传播正逐渐在旅游产业中得到广泛应用。利用网络来传播信息，具有一些独特的优势。第一，它传递了海量的信息。在网络中，计算机与计算机是互联的，全世界的计算机联合起来，从而形成一个巨大的数据库，在这个数据库中存放着海量的信息。第二，它超越了时间和空间的限制，能够随时随地地浏览旅游相关信息。第三，是多种媒体同时起作用。在网络传播过程中利用了多媒体技术，能够同时采集、处理、存储各种不同类型的信息，并且将这些信息进行数字化，利用计算机对这些数字化信息进行处理之后，然后将它们传递给用户。利用多媒体技术，将信息加工成用户想要的样子，如视频、文字、图像等等。第四，是多种形式的互动交流。在传统媒体中，信息的传播者与接受者是不互动的，二者的身份界限很明显，在网络传播中，传播者与接受者的身份界限变得模糊，接受者不再只是被动的接收信息，而是开始与传播者进行互动反馈，而且，信息的接受者也可以利用网络进行信息的传播。第五，是传播受众的小众化。目前，随着社会的发展，越来越多的人开始注重个性化发展，面对着信息的无差别传播，一些人感到十分苦闷，他们并不十分需要某个信息，或者是对于某个信息有着更深的见解。但是，一些信息十分杂乱且浅薄，这使得他们越发苦闷。网络媒体解决了用户的这个矛盾，在网络上有着海量的信息，这解决了信息的广度问题，在网络信息中还有个性化服务功能，这解决了信息的深度与专业化的问题。

常用的网络传播方式有电子邮件（E-mail）、网上论坛、博客（Blog）、信息个人化服务等。正是由于多种网络传播方式的应用，使得全世界的旅游信息对任何一个地方的旅游者或潜在旅游者来说都显得唾手可得，也因此大大方便了旅游相关信息的交流和旅游活动更大程度的发展。

（五）旅游传播媒介控制原则

1. 效益优先原则

任何一项传播活动的开展，效益是其中的关键。同样，没有效益的旅游传播等于没有传播，而且会造成人力、物力、财力的巨大浪费。选用恰当旅游传播方式是保证旅游传播效益的前提。旅游传播效益，即是以最小的代价获得最大的效果或成效。就一个旅游传播者而言，当他向受众传播一条旅游信息时，他用多长时间、用多少话语才能把这一信息解释清楚，使受众接受，这就是一个传播效益的问题。比如，某地最近开发了一个新的旅游景区，要将这一信息传播给广大旅游者或潜在旅游者，我们可以选择报纸、杂志、广播、电视、互联网等作为旅游传播的媒介，但是每种媒介都有其自身的特点。报纸、杂志传播的内容详细，并且可以保存起来进行深研细琢以便做出出游决定，但是往往难以给旅游者或潜在旅游者留下很深的第一印象；电视可以通过声像技术使受众在短时间内获得最大信息，但其费用往往较高，而且信息转瞬即逝，很难使旅游者或潜在旅游者产生持久的印象；互联网的特点是快捷、省时、省力，但是由于其所覆盖内容的广博性和繁杂性，往难以引起旅游者或潜在旅游者的注意力。到底选择哪种媒体，如何以最小的投入获得最大的产出，就成了一个必须谨慎考虑的问题。

2. 针对受众原则

受众即旅游者或潜在旅游者是整个旅游传播活动得以进行的保障，进行受众分析，仔细考虑受众的旅游信息需要，根据不同的旅游信息内容、不同的传播对象，运用不同的传播方式，把各种旅游信息传递给不同的旅游者，是旅游传播活动开展必须遵循的第二个原则，也即针对受众原则。由于受众各自的社会地位、生活阅历和职业岗位不同，其思想觉悟、文化素养、性格脾气和兴趣爱好等也就不同，他们对同一旅游信息的理解与接受能力也不会完全相同，甚至于存在很大的差别。这就要求我们在进行旅游传播时，必须根据不同的情况来确定传播的方式，只有这样，才能收到预期的传播效果。

针对受众原则是由受众的广泛性及其思想的复杂性所决定的，而针对受众原则具体又包括三个方面的内容：一是指旅游信息要针对受众的具体情况进行深入分析。由于大众旅游的兴起，农民旅游不再是稀奇现象。对这种文化程度相对不高的受众，就不能选择文字形式的传播方式，而应选择面对面的语言传播方式或更加形象化的影视、图片传播方式。二是指旅游传播信息要针对旅游传播媒介进行具体分析。一项内容较多的旅游信息，如旅游大政方针的传播，就不应该选择广播、电视、电话等信息承载量小的传播方式，而应该选择文件、旅游宣传册等传播方式加以进行。三是指所选择的旅游传播方式要与现场情景相适应。所谓传播情景，是指传播活动的开展状况，如采取讨论形式，使受众容易接受旅游信息。

3. 快捷方便原则

快捷方便原则，就是指要选择那些最能迅速、方便地满足旅游传播需要的方式，即在可能情况下，以最快的速度把旅游信息从信源地传递给受众。现代社会是竞争日益激烈的社会，旅游企业的竞争很大程度上是旅游信息传递的竞争。如何以最快捷有效、最省时方便的传播方式把旅游活动相关的食、住、行、游、购、娱等信息传递给旅游者或潜在旅游者，是旅游企业竞争力的突出表现之一。旅行社为了组织节假日团队旅游，就必须想方设法让旅游者或潜在旅游者了解其整个计划及行程保障，以便他们快速做出是否出游的决定。

二、 旅游传播过程中的受众效果分析

（一）信息的含义和特征

在传播学中，传播内容是最重要的环节之一，对传播内容的研究构成传播学重要的研究领域之一，即内容分析。一般来说，内容分析包含两层含义，一是对传播内容进行研究和分析，在这一层面，传播内容指的是以符号为载体，通过媒介传播给受众的信息；内容分析的另一层含义指的是进行内容分析的研究方法，即如何进行内容分析。

在传播过程中，人们传播的内容就是信息，信息是构成传播的基本资料，而信息自身是看不见的，信息要想得到传播，必须借助一定的符号，因此，符号是信息的载体。

1. 什么是信息

人类传播是一种交流和交换信息的行为。信息是传播的材料。我们所说的信息究竟指什么呢？香农和韦弗在他们撰写有关信息理论和控制论的文章时认为，凡是在一种情况下能减少不确定性的任何事物都叫作信息。即信息就是不确定性的消除。这个关于信息的定义曾风靡一时，是一个流行的狭义的对信息的定义。它特指新的消息、知识、情报等，从而排除了一切旧的信息。

综合来看，我们可以把信息分为广义和狭义信息。广义的信息包含了所有与信息有关的内容，认为信息就是事物发出的，对于接受者来说是预先不知道的消息、情报等。广义的信息论对信息与信息的载体不做区分。狭义的信息主要指脱离载体的内容，它能降低人们对事物认知过程中的不确定状态。传播学中所说到的信息，尤其是大众传播媒介中的信息，通常是指狭义的信息。

2. 信息的特征

由于信息有广义和狭义之分，所以，我们分别从广义和狭义两个层面阐述信息的特征。广义的信息包括所有与信息有关的内容，所以，它的特征往往是抽象的、一般性的特征。

第一，信息具有无限性。每时每刻，信息都在不断产生着，学生写的文字是

信息，宇宙天体传来的光波也是信息，信息是无穷无尽的，随着时间的推移，信息一直处于不断发展之中。

第二，信息具有普遍性和客观性。信息存在是普遍的，从自然界到人类社会到人的思维，信息是无所不在的，当然信息的普遍性是由它所显示的客观事物的普遍性所决定和赋予的。信息是客观存在的，它不以人们的意志为转移，它是事物的特征与变化的客观反映。

第三，信息具有可开发性。信息反映了客观事物的复杂性以及事物之间的相互关联。许多信息常常是交织在一起的，十分繁杂，要想搞清楚某些事物的本质以及事物与事物之间的联系，这时候就需要开发信息，探索信息的价值。在一定条件下，利用信息可以延伸物质资源。科技是第一生产力，信息科学的发展对社会的发展起到巨大的推动作用。如今，在传统的农业、工业以及服务业中，已经出现了新的可取代其部分功能的信息产业。

第四，信息具有可传递性。这是信息的一个明显特征。信息是在传递之中的，信息要想保持有效性就必须要不断地传递。随着传播技术的发展，今天的信息传播呈现出高效率、高质量的特点。

传播学中所说的信息通常就是狭义的信息，通常指的是大众传播信息。大众传播信息既具有一般信息所固有的特征，同时也具有自身的特征。大众传播信息的主要特征如下。

第一，知识性。大众传播历来担负着传播知识、传承文化遗产的任务。大众传播的知识在人的社会化过程中起着非常重要的作用。现代社会中的人们获得知识的主要途径除了家庭和学校之外，大众传播媒介是尤为重要的渠道。通过杂志、报纸、书籍、电视、网络等多种渠道，都可以获得知识。

第二，真实性。这里所说的真实性，是指媒介传播的信息要公正客观，准确地描述事物的状态。当社会中的事物处于复杂的运动状态时，大众媒介应从不同的角度、不同的层面、不同的视野对事物的全貌进行表述，真实、客观地表达，使受众对事物本质有更深刻的认识。

第三，时效性。大众传播信息是具有时效性的，有一些信息超过了规定的时间，就失去了价值，比如时事新闻。随着时代的推移、社会的发展，人们对信息的时效性的要求也越来越高。

第四，娱乐性。人们之间互相交流，并不只是为了获取什么东西，有时候，两人之间进行谈话，并没有什么明确的目的性，而只是为了简单的娱乐，获得一种满足感。

（二）旅游传播受众的心理选择机制

旅游传播受众的心理现象既包括接受需要、动机和心理效应、心理倾向，又包括旅游传播受众信息接受的内在操作机制，其中最引人注目的是内在选择机制或选择性心理，它包括选择性注意、选择性理解和选择性记忆。

1. 旅游传播受众选择性注意

要理解旅游传播受众的选择性注意，就要首先理解什么是"注意"。注意，就是指心理活动对一定对象的指向和集中。在这个指向和集中的过程中，就是舍弃和选择的过程。指向，指心理活动有选择地朝向某一事物，当心理活动朝向某一事物时，这时候，其余的事物就被放弃了。集中，指心理活动能够反映事物达到一定清晰和完善程度。注意，就是一个舍弃和选择的过程。选择性注意，就是指有选择性的注意，注意是指对某一个对象的指向和集中，选择性注意，就是依据一定的接受目的、积极主动地指向和集中某个接受对象。这样，在明确的目的定向下，接受者就会避开那些无关信息，只接受那些与自己的接受定向、接受期待、接受需要和接受个性相符合的那些传播信息。换言之，旅游传播受众的选择性注意与其接受定向、接受期待、接受需要、接受个性等有关。

（1）旅游传播受众的接受定向

所谓接受定向，就是一种早已预设好的接受的范围或立场。在接收到信息之前，这种接受定向就早已存在。在旅游传播信息接收过程中，信息接受者往往只接收定向的信息，与定向相矛盾的信息或者说是与定向相背离的信息，是不被信息接受者所接受的。

（2）旅游传播受众的接受期待

所谓接受期待，这是一种"知觉预态"，也就是说在接收到信息之前，接受者首先进行预设，预设自己处于信息接收之中，这时候的这种状态就是"知觉预态"，也就是接受期待的状态。在信息接收之中，根据旅游信息的作品风格与性质，旅游受众进行预先揣摩与准备，在脑海中形成一种假设。当信息接受者接收到信息之后，他便会记录下来此刻的意识，然后用此刻的意识去指导之后的注意。

（3）旅游传播受众的接受需要

不同的旅游传播受众具有不同的接受需要，由于这些接受需要不同，即便是相同的旅游传播信息，面对不同的旅游信息接受者，其结果往往也是不同的。这种不同的接受需要，往往也会操纵和控制着接受者对于不同传播信息的接受方向和重视程度。

（4）旅游传播受众的接受个性

旅游传播受众都具有自己的个性。由于其接受个性不同，面对同样的传播信息，也会产生不同的反应。比如，对于那些喜欢安静的人来说，他们往往喜欢那些清幽雅致、风景如画的景色；而对于那些追求刺激的人来说，他们往往更喜欢探险性质的旅游活动。

在接收信息之时，被这些因素所困扰，这没什么奇怪的，但是，我们要注意不能被这些因素所左右，要时刻保持清醒，要注意旅游信息本身的相关特点以及各种客观性因素，比如反复性、对比性、易得性、接近性等等。

2. 旅游传播受众的选择性理解

除了旅游传播受众的选择性注意之外，还需要考虑旅游传播受众的选择性理解。而且，在旅游传播受众的选择性心理中，最重要的也就是选择性理解。在旅游信息传播到传播受众之后，此时旅游传播受众的选择性理解就像是一种滤清器。这个滤清器的意思是说，理解，是一个复杂的过程，针对同一种旅游信息，不同的旅游传播受众由于性格、知识水平、职业背景等不同会做出不同的解释。一千个人有一千个哈姆雷特，针对自己所了解到的知识，对旅游传播信息进行组织解释，从而做出自己独一无二的一种理解。一般情况下，旅游传播受众的这种选择性理解主要有三种形式，这三种形式分别是创造性理解、歪曲性理解、卷入性理解。

（1）旅游传播受众创造性理解

旅游传播受众创造性理解，这种名称很好理解，就是对于某个旅游传播信息，旅游传播者进行了创造性理解。所谓创造性理解，就是指旅游传播受众看到旅游传播信息之后，沿着旅游传播者的逻辑去思考、分析、研究，以积极的注意和理解态势去主动地发现、理解一些东西，深层剖析，挖掘内涵，从而展现出旅游信息作品的丰富内在含义。

实际上，信息并不总是具有一种含义，信息也并不是一成不变的，信息是多样性的，随着时间的推移，信息也是在不断变化、不断进步的。信息在传播过程中，意义在不断变化，信息的这种意义不仅存在于符号载体的结构之中，还存在于信息传播者主观地创造性理解之中。随着创造性理解的不断深入，信息的含义也在不断发生着变化。

（2）旅游传播受众歪曲性理解

所谓歪曲性理解，就是对于传播信息的不正确的理解。当旅游传播信息传到旅游传播受众后，旅游传播受众如果不能合理控制自己的情绪与思维惯性，而是任由自由发展，那么就可能会使得传播信息的意思与本意发生偏离，甚至最后会达到与传播意向相背离的地步，从而影响旅游传播信息的正常传播与理解。

（3）旅游传播受众卷入性理解

在现实的旅游传播活动中，有一些旅游传播受众将现实世界与符号世界相互混淆，从而对旅游传播信息进行了卷入性理解。在艺术信息领域，最容易产生卷入性理解。例如，旅游目的地的旅游传播者运用现代艺术的手段对当地的风景、人文进行艺术加工、美化之后进行传播，而旅游传播受众也不加以区分，陷入卷入性理解，认为宣传就是现实，最终导致"也没什么好看的，宣传是骗人的"的游后评价。

3. 选择性记忆

经过上面的选择性注意与选择性理解之后，还需要进行选择性记忆，才能够将记忆进行储存。一般情况下，旅游传播受众往往只是将那些有意义的、符合自己需要的、对自己有利的信息进行选择性记忆，对于那些无意义的、自己不需要、对自己不利的信息则放弃记忆。在旅游传播受众接受旅游信息的过程中，这种选择性记忆是记忆的主动筛选、取舍，是旅游信息接受内在机制中的一种反应。这种选择性记忆，主要有三类影响因素，这三类影响因素，分别是主体因素、客体因素以及载体因素，如下面所示。

（1）主观因素

在向受众展示一幅图片或者阅读一个故事之后，要让受众将它复述出来，或者说出自己的感受，这时候，由于种种原因，受众难免会遗漏一些细节部分，只能记起一个大概内容。在旅游信息传播过程中，也会这样。经过自己创造性理解的消息，记忆起来就比较容易，而且也不容易遗漏细节，而那些未经加工的信息，则会遗漏一些细节。自己感兴趣的信息，记忆起来就比较容易，自己不感兴趣的信息，记忆起来就比较困难。自己有感的信息，印象比较深刻，记忆起来就比较容易；自己无感的信息，记忆起来就比较困难。因此，我们可以知道，选择性记忆与主观因素的稳定性和明确性有关，如果受传者的主观因素不稳定、不清晰，那么在选择性注意、选择性理解、选择性记忆这一系列的环节中，就可能会呈现出盲目、混乱、无措的态势，不利于传播信息的接受。

（2）客体因素

客体因素也能够影响旅游传播受众选择性记忆，所谓客体因素是指旅游信息本身的特点。通过安德森等人的研究，我们可以发现，在受传者阅读某个信息之前，如果向他再讲述一些关于这个信息的历史、文化等背景材料，那么这时候受传者对于这段信息的记忆会相对来说比较清晰，有助于受传者改善选择性记忆。对于受传者的记忆来说，主题尤为重要，一个有主题的作品或者信息，很明显要比没有主题的信息记忆更加深刻。不仅仅是主题的有无，主题出现的前后顺序也能够影响选择性记忆的效果。汤代克的研究认为，主题出现的时间越早，也就是说，在一段信息或文章中，主题越靠前，那么记忆的效果越好。另外，艺术效果的先后也可以改善选择性记忆，比如，在一场晚会中，往往是开头和结尾处更加让人印象深刻，因此，在晚会中往往是著名的歌唱家或者舞蹈家被安排最早或者最晚出场。

（3）载体因素

在信息传播过程中，多种媒介的综合运用也有助于信息的选择性记忆，能够增强选择性记忆的效果。比如，在浏览旅游书籍时，仅仅看文字的书籍，记忆效果就会比较差，但是在看文字和图片都有的旅游书籍的时候，记忆的印象就会比较深刻。观看介绍旅游目的地的文字、图片、视频、影片等，通过多种传播媒介获取信息，对于旅游目的地的印象就更为深刻。多种传播媒介综合起来，取长补短，结合了各种媒介的优点，将视觉、听觉、触觉等感受结合起来，优化组合，避免了信息的遗漏与损耗。

综上所述，旅游传播受众在接受旅游传播信息时是一个复杂的过程，要经过好几道程序才能够完成，从选择性注意到选择性理解再到选择性记忆，这种内在的选择机制，既与主观因素有关，也与客观因素有关。旅游传播者只有深刻、正确地了解和运用这些规律，才能更好地组织传播，收到更佳的旅游传播效果。

（三）关于传播效果

1. 传播效果的概念

纵观传播效果研究史，很多理论分歧的产生，都与对效果概念的模糊界定有着千丝万缕的关系。由于传播效果的定义不清，直接影响其相关理论的阐释与把握。因而，有必要对此概念进行界定与解读。

传播效果，顾名思义，就是传播信息过程中产生的效果。传播效果的概念，主要可分为两类。一是指传播过程中引起传播受众心理、信息、行为等的变化。这一重含义是从微观视角出发，关注带有说服动机的传播行为在受众身上所引发的一系列变化、传播者的目标在多大程度上得以实现。

二是指传播活动对传播受众乃至社会产生的影响。这些影响可能是显性的，也可能是隐性的；可能是直接的，也可能是间接的；可能是长期的，也可能是短期的。这一重含义是从宏观视角出发，主要着眼于社会化效果，关注大众传播媒介对社会的运行、发展所产生的长期的、宏观的综合性影响。这种综合效果涵盖了大众传播媒介的社会角色和影响的全景。

传播效果的双重含义，划分了此研究领域的两大主要方向，一个是将研究重点置于对具体传播过程中即时的、对个体的影响；一个是对大众传播媒介在社会发展与运行中的效果与影响进行全景式考察。

2. 传播效果的层面

传播效果之复杂性还在于它是多元、多层面的，依其发生发展的逻辑顺序或阶段大致可分为三层：人接收信息后引起的信息量和知识结构的变化，或称视野和脑海图景的变化，谓之认知层面上的效果；受众在传播活动中产生的世界观、价值观、情绪或感情上的变化，可称之为心理和态度层面上的效果；受众接受传播后的各种变化在言行上表现出来，即成为行动层面上的效果。不同的传播行为对传播层面的要求也不同，实际达到的效果层面也不同。有的传播活动只需要达到认知层面或只能产生认知层面的效果，有的传播行为则希冀有观念、情感上的效果，而有的传播行为就以全面抵达三个层面为目标，如广告就不仅要让消费者了解、喜爱所推销的商品，更企图促成购买行为的发生。

从宏观的社会层面来看，报刊、广播、电视、网络等媒介的大众传播效果体现为以下三个层面。

（1）环境认知效果

信息关注与处理能力有限之个人，面对现代社会现象与事务之繁杂、空间之广阔，只能依赖大众媒介提供的信息内容来了解世界和社会，人们对周围世界的知觉与印象在很大程度上不可避免地来自大众媒介。换言之，大众传播制约着我们观察社会和世界的视野。仰仗什么样的大众媒介就决定了我们拥有什么样的视野。

（2）价值形成与维护效果

大众传媒虽以发掘披露事实真相为宗旨，力求客观中立，但却仍然成为社会价值观念的生产者、维持者，不仅源源不断地为社会生产信息、知识，提供娱乐，更成为力量最强大的卫道者，对社会价值观、社会规范的影响持续而深刻。

（3）社会行为示范效果

大众传播所展示的社会行为具有强大的感染性、暗示性，有意或无意地、直接或间接成为一般人学习或仿效的对象。各种商品、文化的流行现象多与大众传播密不可分，甚至一些犯罪行为亦多仿效或受启发于大众传媒。

（四）影响旅游信息传播效果的因素

1. 传播对象的因素

在传播过程中，传播对象是传播者的行为客体，因而是较为被动的一方。传播者首先选择传播内容，然后将信息传播给传播对象，在传播对象接收信息的过程中，信息是客体，传播对象是主体。对于传播过来的信息，传播对象并不是全盘接收，而是有选择性地进行接收。这样，传播对象接收到的信息就会与传播者传播的信息存在着一定的误差，从而影响传播效果。

在传播过程中，受传者的自身属性也会影响传播效果。也就是说，即便传播的信息是相同的，但是如果受传者本身并不想接收这个信息，那么这时候传播效果也就相当于零了。由于受传者本身的性格、兴趣、经历等各种情况的不同，对于信息的接受程度不一样，有的人可以被说服，有的人却可能会表现出反感。因此，要提高传播效果，可以从受传者的个性与心理方面进行研究。不过，旅游信息有一个特点，就是不容易受到人们的抵触，常常活跃于人们的谈话之中，传播条件比较好。这主要是因为，与其他信息相比，旅游信息比较轻松愉快，能够放松人们的心情。

不同的人由于性格、兴趣、观念等方面的不同，对于世界的印象也是不同的，人们主观内心世界中对于现实世界有着自己的理解。在传播过程中，这种"关于世界本来面目的固有图画"就会跳出来发挥作用。对于那些符合自己世界认知图像的事物，人们更愿意去探究；对于那些挑战自己认知的事物，人们便会厌恶。例如，从 20 世纪 50 年代走过来的不少老同志，他们对于各种社会问题的评价依然使用他们那个年代的标准，这个形成于 50 年代的价值标准，轻易不会改变。如果要他们接受最新的流行观念，他们中很多人往往会有许多不适应甚至反感。这就是先验观念在起作用。

这种先验观念不仅影响着受众对传播内容的态度，还影响着受众对新鲜事物的理解与接受程度。当接收到新内容之后，这种先验观念很容易会影响受众的判断，从而导致理解误差。

在旅游信息的传播过程中，我们必须认识到这种先验观念给传播带来的不利的一面，在传播中做到耐心、细致、循循善诱，这样才能起到很好的说服作用。

2. 个人差异的影响

在旅游信息传播过程中，个人差异也会影响到旅游信息的传播效果。不同的人有着不同的心理、生理差异，体现在人的性格、待人接物等各个方面。

一个人的性格、待人接物是由多方面影响的，如个人基因、家庭因素、社会环境等等，这些多方面的因素综合在一起，形成了一个独特的人、一种独特的心理系统。要认识这个人，就必须要了解这个人的内在心理活动，他外在所展现出来的实践活动，就是这个人的心理系统对客观现实的反映。一个人的兴趣、理想、动机、需要等各不相同，这些方面的差异使人们对于同一传播信息的反应也不尽相同。

个人性格又随性别、年龄、种族、文化程度等条件不同而不同。儿童接受传播内容而改变意见的程度大于成人；男性观众比较爱看冒险和探索性质的节目，女性观众对这类节目的反应则相对要弱一些。传播效果还与每个人性格的发展有着很大关系。比如，一个人小的时候，他可能喜欢战争影片；当他长大成人以后，他的性格发展定型，可能会对战争影片不再感兴趣。所以，一般说来，很少有人终身喜爱一种传播内容。环境也能带来人的性格变化，这一变化也能对传播效果构成影响。比如，一个在北方听惯了河北梆子的听众，到了南方他可能改听越剧。

为什么同样的传播媒介、同样的传播内容，对不同人的影响会不同呢？除了以上的原因外，个人受教育的程度也是一个很重要的因素。受教育程度较高的人对传播内容的理解能力更强。

在信息传播过程中，个人的心理差异能够影响传播的效果，那么，这主要表现在哪些方面呢？

第一，有厌世、隐世等思想的人，他们往往看破红尘，对于世界上的很多事情都漠不关心，对于接收到的信息往往比较冷淡。

第二，比较傲慢的人，这些人往往认为自己是世界的中心，不容易听从别人的劝说，一意孤行，他们往往接收新的信息也比较困难。

第三，有自卑情绪的人，这种人对于自身缺乏信心，摇摆不定，有从众心理，很容易被说服，缺乏自己独特的见解。

第四，缺乏想象力的人，如果缺乏想象力，那么针对传递来的信息就不能进行创造性理解，从而无法很好地进行选择性记忆。

关于个体差异对旅游信息传播效果的影响，其具体情况还很复杂，每个人的生理、心理差异都有可能使受传者对传播信息做出不同的反应，从而产生不同的传播效果。

第五章　新闻传播视阈下旅游传播的发展趋势

旅游活动的诞生进一步促进了传播的纵深发展。本章为新闻传播视阈下旅游传播的发展趋势，分为三部分内容，依次是新媒体时代的旅游传播、文旅融合背景下的旅游传播、旅游传播的创新研究。

第一节　新媒体时代的旅游传播

一、　新媒体传播的兴起

（一）新媒体的概念

新媒体是一个相对的概念，是在报刊、广播、电视等传统媒体的基础上发展起来的新的媒体形态；也可以认为，新媒体这个一直处于变动的概念，宽泛地包括所有数字化的传统媒体、网络媒体、移动端媒体、数字电视等。目前主要是指以互联网技术、数字技术、移动通信技术为基础，向用户提供内容资讯、音频视频、连线游戏、数据服务以及在线教育等集成信息和娱乐服务的新兴媒体。它有两个最核心的改变，一是传播媒介由传统媒介变成了基于互联网的新媒介，二是传播者由权威媒介组织和媒介机构变成了所有人。

（二）新媒体的本质

新媒体是以满足受众"需要"为根本目的、以应用最新技术为手段的现代化信息传播体系。它是媒体中的一员，得益于网络化、数字化的技术影响，是媒体发展的一种高级形式。同时，受众的需要又成为各种网络化、数字化技术突飞猛进的原动力，推动着新媒体的整体飞跃。

1. "需要"是区别新旧媒体的最根本点

传统媒体一直发展的是媒体自身，这种发展存在着可见的尽头，存在着明显的限制。而新媒体则把媒体与受众打通，相互之间实现了融合，在有限的空间里打开了一片全新的天地。新媒体所考虑的问题不仅仅是媒体自身需要什么、媒体的发展需要什么，它更多考虑的是受众需要什么，以及媒体为了满足这种需要必须做什么。由于受众的群体无限，受众的需求也可能无限，它带给了新媒体以无限的发展潜力。更为确切的理解是：传统媒体时代，媒体带动着受众前进，发展到什么阶段，受众就得接受什么样的状态，受众没有选择，更不会有什么要求。

2. "需要"是现代营销的最核心价值体现

现代营销学首次摆正了企业与消费者的关系，鲜明地提出了"以消费者需求为中心""以市场为出发点"及"用户至上"的口号，认为实现组织各种目标的关键在于正确地确定目标市场的需求和欲望，并比竞争对手更有效、更有力地生产目标市场所期望得到满足的东西。可以看出，应需而生，是其根本性的思想。

在新媒体发展阶段，媒体营销及营销媒体的理念也在形成。媒体就是一种产品、一种在市场上进行竞争与运营的产品，在经营管理媒体的过程中，对于用户或受众需求的重视，对于市场需求的重视，成为新媒体发展的原动力，也成为新媒体之所以被社会接受的根本性价值。可以说，新媒体是整个传媒产业中首先考虑用户需求，思考自己与用户之间的相互关系，并着重考虑用户的感受与需求的特殊产品。它最根本的目的，就是将自己推销出去，推销到用户的面前，并且能够成为最成功的产品。

新媒体同时也是现代产业营销最为关注的媒体领域，因为现代企业所希望对外传播的不仅仅是自己的产品，更有自己的信息动态、发展方向以及企业理念。现代企业尤其重视对目标客户的抓取，而利用新媒体的人际关系网络能够获得来自客户的各种信息与反馈，并在这种传播中占据更为主动的地位。这已经不是传统媒体所能够提供得了的，只能依赖于新媒体的即时与互动特性。对于新媒体来说，企业同样也是用户，也是新媒体兑现"适应需要""满足需要"的一个努力方向。也只有新媒体才能如此深入地切入企业营销的过程，实现与传播同步扩展影响的终极目的。

同样，在媒体范畴之内的广告业更是对这一规律颇有心得。看看四周我们就可以发现，但凡成功的广告作品，都必然有着定位准确的优点。何谓"定位准确"？那就是在合适的阶段强化合适的目的。一个全新的产品或品牌刚刚投放市场时，是它的成长阶段，最合适的广告表现点就是对它的"告知"：用最简洁、最直观的介绍用语，介绍出自己最显著的特点。产品一旦成熟，必然转向感知用户的需求、迎合用户的需要，从而创造出最能打动用户的宣传用语。

3. "需要"是现代产业发展的重要转折点

人类社会在农业文明之后经历了蒸汽机发明、电力应用、原子能应用这三次工业化的大革命，能源、动力的飞跃升级直接带来生产力的大幅提升，从而引发了生产关系与上层建筑的显著变化。之后，计算机的发明、网络的诞生以及移动通信产业的覆盖引发了三次信息技术的大革命，这三次革命已经不再只是表面可见的物质生产力的提升，更多的是意识形态上的飞跃。最终作用于所有现有生产力与生产关系的一次新革命，主力军就是新媒体的产业化发展。它不再像传统媒体那样，做一个客观的观察者、报道者，或至多是评论者，而实质上成了现代社会不可缺少的全面参与者。新媒体的信息传播过程，也是现代产业发展过程的一部分，是现代产业快速增长变化不可或缺的重要内容。

而在产业发展中，为了追求局部经济效益的最大化，企业往往以牺牲个性需求为代价换取满足大众需求所带来的批量化好处。这种现象在工业化大生产时代表现得尤为突出。但久而久之，便出现了过分关注企业利益而忽视用户利益、过分追求现有市场而忽视潜在市场、过分讲究保守策略而回避风险战略的重大弊端，成为现代产业发展中的一大阻力。

而新媒体却会充分考虑到用户需要，并围绕受众需要，合理配置、有效整合自身资源，从而协助有需要的企业进行产品包装、宣传策划直至市场营销、网络布局、产品维护和品牌战略规划，为它们提供一条龙的产业链服务，使自身以及与之进行合作的企业获得双赢的效果。现代社会已经不再只是小农经济下非常简单的产业结构关系，各行各业之间的联系千丝万缕，相互之间的影响难以估计。

这些关系的理顺与影响，往往正是新媒体的擅长之处。

由于可以最大限度地挖掘到用户的需要，新媒体恰恰可以帮助现代产业摆脱自身发展的瓶颈，寻求新的发展。更为重要的是，借助新媒体独到的机制，企业可以更加敏锐地捕捉到用户的真实想法与真实需求，深层次地解决用户的潜在需求，从而开拓出更为广阔的市场空间，从根本上再一次解放、提升生产力，这方面最突出的代表就是电子商务的发展。由于依托了新媒体技术的发展与支持，电子商务完全解放了人们对消费和商品需求的限制，它的发展，并不是对传统商务市场的硬性切割，而是深度激发，从而引发整体市场的共同繁荣。有关数据显示：中国的电子商务年度交易额从 2009 年的 3.6 万亿元，到 2013 年超过 10 万亿元大关，2019 年更是超过 30 万亿元，已经多年保持 15% 以上的年均高速增长率。

而且，新媒体本身的产业化发展趋势也越来越明显，这不仅符合新闻媒体发展的基本规律，是市场经济条件下媒体生存和发展的必由之路，同时也是整个社会的经济形式与经济结构发展变化的必然过程。信息在产业经济中的地位得到了高度的认可，其价值也不断提高，这也是最根本的受众需要、用户需要。因需要而生，为需要而发展，这就是新媒体的本质。

（三）新媒体传播的特征

1. 超时空性

在科技的加持之下，社会的方方面面都在提速，面对激烈的社会竞争和较大的社会压力，现代人进入了一种快节奏的生活，碎片化成为时间利用的主要方式。人们很难拿出一段完整的时间去专心地做某件事，传统媒体定时传播的特性难以适应这种情况，难免逐渐被抛弃。相比传统媒体，新媒体是基于网络通信技术、移动互联技术等发展的，不再为时间、地区等所限制，也突破了媒介的限制，是一种全时、全域的传播。人们随时随地可以发布、搜索和查看新媒体消息，这就能够适应人们在上厕所、吃饭、通勤等短暂时间中的碎片化阅读的方式。新闻事件正在发生的同时，媒体人就能够立刻将新闻发布到网络中，人们也可以通过手机、平板等即刻接收到这一信息。即时发布、即时阅读、快速传播，这就体现了新媒体强大的即时性。全球的新闻动态都可以汇集在一部小小的手机当中，新媒体这种超时空性有助于旅游产品的宣传，但是一旦出现负面消息也很难控制。

2. 交互性

电视、报纸、广播等传统媒体在传播信息时，只是单一方向的，也就是信息从传统媒体流向受众，受众很难直接进行反馈，更不能成为信息制作的一部分。但是，新媒体打破了这一点，其传播是双向、多向的，评论、转发等功能，促使受众能够参与到新闻的传播当中，并且新媒体带来了自媒体时代，每一个手机拥有者都可以是信息的制作、发布、加工者，成为多种角色的共同体。人们可以选择屏蔽某个媒体、某个关键词，拒绝接收信息。媒体不再是高高在上的，信息传播者和接受者之间是可以互相转换的，其间的沟通渠道是畅通的，双方构建出一种平等化的关系。受众能够成为信息传播系统的一部分，对信息进行评价、加工、澄清，甚至可以通过举报来制止信息的传播，或者成为信息的提供者。这就是新媒体的交互性，正是这一特性使新媒体的传播效果得到了极大的强化。关于旅游信息的传播，有微博、抖音、小红书等大众性的自媒体能够供用户发布自己的旅游经历，也有去哪儿旅行、携程等兼具旅游攻略和预订酒店房间等功能的专业软件，能够提供旅游路线、旅游风景评价等信息和出行、居住的服务，也有专门的滴滴等打车软件，正是这多种多样的媒体，不仅能够发布旅游资讯，也能够使游客发布自己的旅程信息并互动，对其消费进行了引导。

3. 个性化

传统媒体所传播的信息都是大众化的，一个电视台、一张报纸等传播的信息是面向所有受众的共同的信息，不会因人而异，无法根据受众的爱好去推送其感兴趣的内容，受众只能处于被动之中，或者是主动去买自己喜欢的报纸刊物等，如园艺爱好者会自己订阅园艺相关的报刊。而新媒体具有明显的个性化特征，用户可以自主搜索一定的信息，同时在大数据技术的加持之下，媒体会通过算法，为用户推送他们感兴趣的个性化信息，如当我们打开抖音、快手等短视频软件和今日头条、网易新闻等，所看到的信息都是经过大数据筛选被认为是自己兴趣偏好的内容。可以说新媒体之下，不管是信息的传播还是用户的自主订阅都是个性化的，用户接收到的信息往往是不同的，甚至关于同一个话题，持不同观点的用户所接收的信息也是不同的。这种个性化的特征优化了人们关于信息接受的体验，这种算法可以提升旅游产品和服务的营销效果，实现精准营销，进而降低营销成本。

4. 海量性、多元化

不同于过去传统媒体，新媒体的内容更加丰富，不再受到时间和版面的限制，能够将图、文、视频、音频等多元化的内容组合在一起构建一条信息，在超文本和超链接之下，新媒体的内容得到无限延展，使其容量和广度扩大。

5. 社群化

网络技术的发展彻底改变了人们的生活的方方面面，让人们的购物方式、贸易方式、学习方式、社交方式等都不断革新，如今人们已经习惯在互联网上进行社交，维护人际关系。微信、QQ等即时通信软件让人们的交流突破了时空限制，微博、豆瓣、小红书等新媒体使虚拟社区、网络群团等应运而生，用户可以加入自己感兴趣的话题，和同好交流，参与线上活动，在交流互动中形成良好的关系，使社区内部形成共同的目标和利益，逐渐加深归属感和身份认同感。可以说在新媒体之下，虚拟社群正在逐渐壮大，成为一种重要的社会结构，这也给企业营销带来了变化，社群成为重要的营销途径，很多企业都十分重视社群建设，即使是小区门口的超市都有拼团群，微博、小红书、公众号等媒体都成了组建社群的重要渠道，对于企业产品销售和品牌打造有着特殊价值。

如今，群众的生活质量改善，消费升级是大势所趋。相比优惠，消费者更加看重品质，更加愿意进行服务消费、文化消费。在旅游领域同样如此，过去人们旅游往往是走马观花，跟着导游赶场一样，每到一个景点就开始打卡式拍照，现在人们更加倾向于深度游，更加重视旅游体验，愿意在饮食、旅馆等方面花钱，每到一处景点更加愿意去了解当地的文化历史等。因此，旅游行业要基于此开展产品和服务的升级，提供个性化、品质化的旅游产品。还有许多年轻人在网络上组建虚拟社群，社群内相约共同出游，这种社群旅游也是旅游发展的一大趋势，旅游企业应当注意到这一点，基于社群开发旅游路线、定制旅游服务，牢牢抓住社群旅游这一热点、增长点，打响名号、打造品牌，以优质的、个性化的旅游产品和服务作为竞争优势，在同行的竞争中突出重围，旅游在社群经济中享受了优质的产品和服务，而旅游企业在社群经济中实现了盈利和发展。

二、 新媒体与旅游传播

（一） 新媒体在旅游传播中的应用及现状

1. 新媒体在旅游传播中的应用

新媒体随着网络信息技术的发展越来越多样，它在旅游传播中的应用可以归类为三种：

第一，旅游门户网站，其构建者是旅游企业，内容上具有极高的针对性，都是围绕着旅游目的地展开的。用户可以在网站上获取某旅游地点的饮食、旅馆、路线、公共交通、景观、门票等信息，也可以获取其他用户分享的旅游经历和攻略，能够在网站上购买和预订车辆、旅店等服务，是最为常用的媒体。

第二，微博，微博是一种大型网络社交平台，用户可以在微博软件上注册账号，发布包括旅游在内的种种图文信息或者视频，如旅游的 vlog，并对他人的信息进行评价和交流。旅游只是其中的部分内容，还有更多关于娱乐、游戏、运动等不同模块的信息。新浪微博是发展最好、用户最多的。

第三，微信，在三种媒体中，微信出现最晚，但却是传播力量最大的。前两种媒体多以陌生人社交为主，微信则是以熟人社交为主，其操作十分简单、门槛低，2022 年微信全球用户已经超过了 12 亿。人们在旅游中可以利用微信进行即时通信，和好友利用图文、视频、音频交流，也可以在朋友圈中分享动态，还可以进行网络支付，在旅游传播中发挥重要作用。

2. 新媒体时代旅游传播现状

当前，新媒体在信息传播当中发挥着不可忽视的重要作用，在旅游传播中也不例外，能够有效提升宣传效果，扩大旅游风景区的知名度，进而促进了旅游产业的经济发展。但是，新媒体在其中的应用仍有需要改善之处。首先，没有给予新媒体以充分的重视，政府旅游管理部门没有深刻领会新媒体在旅游产业发展中的价值，部分旅游地的网站不够完整、信息不全、更新不及时。其次，对新媒体的利用太过大众化，只是简单介绍了旅游地的人文信息，没能突出特色。最后，对微信和微博的利用不够充分，只是定期发布一定的景点信息，流于形式，没能借助微信和微博发展自己的粉丝社群，内容单调、互动性不足。

新媒体的出现和发展确实极大地提升了信息传播的速度，让旅游传播焕然一新。但是，新媒体只是工具，能够发挥多大的作用，还在于人们的使用，并非使用新媒体进行旅游传播就能够一劳永逸，而是要创造性地应用，吸引游客的关注。新媒体之下的信息是海量的，传播方式是多样的，政府部门要选择创意的传播方式，对有趣的优质的信息内容进行传播。当前政府旅游管理部门在利用新媒体进行旅游传播时，没能形成鲜明的吸引人的旅游形象，其一是因为当地未能开发出特色化的旅游产品，自身不够硬；其二是因为部分地区的部门对于旅游信息的把握不到位，在其中加入了过多信息，没有突出特色，让游客看过即忘，尽管用心制作了旅游传播信息，但是却没有收获理想的传播效果。对于这些问题，旅游行业要引起重视，积极探求提升旅游传播效果的途径和方式。

（二）强化新媒体旅游传播效果的途径

首先，政府旅游管理部门应当正确认识新媒体平台的重要性，革新传播理念。通常而言，旅游信息主要是由政府旅游管理部门进行发布和传播的。所以，政府应当积极顺应时代发展，转变管理理念，重视对新媒体平台的应用。第一，以新媒体和传播活动相结合，强化新媒体平台在宣传中的应用，积极打造区域旅游信息平台，开设官方账号到专门的旅游门户网站发布景点介绍和攻略，和这些网站合作打造旅游周，等等。充分发挥线上和线下结合的方式，线上宣传引流，线下活动转化，吸引游客，提供充分的旅游信息，让游客能够加深对旅游目的地的了解和兴趣。第二，革新宣传管理理念，把新媒体当成宣传主阵地，作为日常宣传的主要方式，将微信、微博信息的发布纳入宣传工作日常。第三，加强对新媒体交互性特征的利用，除了发布信息和喜欢博信息之外，还要重视和受众的互动，在新媒体上开展信息征集，尤其是旅游城市，要积极发动群众参与到旅游传播当中来，经营自己的粉丝社群，打造城市旅游品牌，积极听取群众的意见和建议。

其次，采取多样化渠道提升新媒体应用效果。新媒体的应用是创造性的，旅游传播也应当对途径进行扩展，极可能应用多元的、丰富的方式进行信息传播，基于新媒体平台的自身特性和当地的特色旅游资源，组织有趣的、有新意的推广互动，让人们能够增加对旅游项目的了解和兴趣。如，2018 年，重庆洪崖洞景区就利用将其夜景与知名动画作品《千与千寻》联系起来，和抖音合作，拍摄了大量短视频，成为网红景点，吸引了众多游客来此游玩。这次宣传的成功与抖音这种大影响力的媒体分不开，是经典的新媒体营销案例。利用抖音、快手等短视频平台进行宣传已经成为如老君山、少林寺等知名景点的重要旅游传播方式，少林寺已经打造了一批网红僧人。不同于传统媒体，新媒体的旅游传播更加具有短、平、快的特点，内容上更具创意，且人人都可以参与其中成为信息的发布者和传播者，在当下的旅游产业发展中发挥着重要作用。

最后，要特别加强对"双微"，即微信和微博的应用，提升互动效果。微信和微博是当前最为突出的新媒体平台，用户基数大，关于电影好不好看、美食好不好吃等问题人们就会在微信和微博上进行分享、交流和搜索。在当今的新媒体营销战役中，忽视微信和微博这两大阵地就相当于认输。在微信和微博上进行旅游宣传，必须要重视受众的阅读偏好，突出亮点，吸引用户点击，并能够留住用户参与互动。"双微"的重要性已经更加为人所知，旅游景区纷纷开发自己的微信公众号和微博账号，除了发布基础的旅游信息之外，还在积极探索其中的种种功能，如抽奖、互动等，以多元化的传播方式提升传播效果。除此之外，还有很多个性化的旅游推广活动，部分旅游景区会突出自身特点，与知名旅游博主合作，组织有奖视频征集活动、旅游故事分享活动，还会与其他产业合作，如作为饮品扫码有奖的奖品等。在推广中，必须强调文案的创意性，以有趣的文案提升受众的参与兴趣。

第二节　文旅融合背景下的旅游传播

一、旅游文化的概述

（一）旅游文化的内涵

人类的旅游活动显然不是为了满足生存需要，旅游者不吝金钱、不辞辛苦地离开居住地，具有很强的非功利性目的，是出于"乐生"的需要。旅游是一定文化背景下的产物，没有文化的发展，就无法激发人们的旅游动机，也就不可能产生旅游活动。从人类旅游的发展历史来看，旅游是伴随着人类科技的进步和物质文明的发展而发展的。旅游本身是一种消费性的活动，旅游业是经济产业的一个重要部门。但是，从深层来看，旅游应该是文化观念转变的结果。日本前首相大平正芳指出：20世纪中后期是从以经济为重心转向以文化为重心的时代，国民关注的目标由物质转向精神，转向生活品质的全面提高。正是这种转变与经济增长交互的作用，才使旅游活动在近半个世纪内逐渐大众化、生活化、社会化。总之，从旅游者的角度而言，旅游活动尽管带有一定的经济色彩，但它在本质上是一种文化活动。

文化是旅游的属性，旅游是一种文化现象，是人类文化的一种，具有一般文化的特性。但是，作为人类生活观念的一种反映，旅游文化是客观存在的，并具有相对独立性。旅游文化的产生和发展，必然要建立在一般文化的基础之上，以一般文化内在的价值因素为依据，但它有其发育的特殊背景和原因，从而形成了有别于其他文化形态的内容和本质特征。文化的本质在于创新，旅游文化应该是在继承或局部包容一般文化形态的前提下创造出的新型文化。只有围绕旅游活动创造的物质产品和精神产品，才能形成旅游文化。

最早提出旅游文化这一概念的是美国学者罗伯特·麦金托什和夏希肯特·格波特，他们指出，旅游文化"实际上概括了旅游的各个方面，人们可以借助它来了解彼此之间的生活和思想"，它是"在吸引和接待游客与来访者的过程中，游客、旅游设施、东道国政府和接待团体的相互影响所产生的现象与关系的总和"①。

（二）旅游文化的构成

旅游文化是文化交流和对话的一种方式，跨文化交流是旅游文化的第一特质。在这种交流中，根据旅游活动的旅游者、旅游客体、旅游中介等参与因素可以划分为几个文化系统。

---

① ［美］罗伯特·麦金托什，夏希肯特·格波特.旅游学：要素·实践·基本原理［M］.上海：上海文化出版社，1985：50.

旅游者是旅游活动的关键，是主要的参与主体，旅游者依据自己的文化身份参加旅游活动，他们与旅游客体以及旅游经营者所代表的文化进行交流，并且还和其他异地文化的旅游者一起交流，从而形成旅游主体文化系统。

旅游主体文化系统是与旅游者的思想观念、心理特征和行为方式有关的文化，包括旅游主体的文化诉求和情趣、旅游活动方式等，具体有：①旅游者所在国（地区）的文化形态；②旅游者的思想信仰；③旅游者的文化素质；④旅游者的职业和经济状况；⑤旅游者的心理、性格、爱好；⑥旅游者的生活方式；⑦旅游者的消费习惯；等等。

旅游中介是在旅游活动中根据旅游者的需要，创造出不同的精神产品和物质产品，为旅游者提供服务的人与组织。旅游中介文化是指各种旅游经营者以及行业管理者在长期的旅游实践活动中形成并不断完善的共同的价值取向、行业精神、行业环境、行业规范等方面的总和，是旅游文化的重要组成部分。它包括旅游管理文化、旅游自律文化、旅游企业文化、旅游服务文化、旅游餐饮文化、旅游娱乐文化、旅游商品文化、旅游教育文化、旅游法律文化（旅游政策法规）等。

旅游客体文化是旅游资源的文化内涵和价值所反映出来的观念形态及外在表现，是与旅游资源有密切关系的文化，具体包括：①旅游历史文化与旅游文学艺术等反映出来的人文文化；②旅游建筑文化和民族宗教信仰等反映出来的民俗文化；③旅游娱乐文化；④自然景观文化；等等。

旅游中介文化和旅游客体文化一起构成旅游目的地的文化系统。同时，旅游文化是旅游活动中的主体、客体以及旅游中介在旅游产品的生产和消费全过程中所固有或形成的物质文化、精神文化和行为文化及其相互关系的总和。也就是说，旅游者在和旅游客体、旅游中介交流中所形成的文化系统称为旅游跨文化交互系统。比如，在旅游者根据旅游客体条件的改善和变化所选择的新的旅游活动形式（像近年来兴起的自驾游、探险游等）、旅游中介根据旅游者的需要所推行的一种新的旅游服务、旅游者与旅游经营者在交流中所形成的旅游物质文明和精神文明等。

从以上三个角度对旅游文化的内涵和外延进行定位，有利于透过复杂的表象清晰地把握旅游文化的脉络、成因、特点、意义和发展规律，有利于全面、客观、动态地研究旅游文化深度开发的范围和着力点。

(三) 文化与旅游深度融合

文旅融合在价值和精神层面要有融合的基础，这就是两者在功能和价值上存在一致性。文化是人类文明的瑰宝，体现着民族的精神，是国家综合国力的软实力，是民族振兴的内在力量，天然具有吸引物属性。旅游是一种精神享受，体现了人们对世界的探索欲望，属于文化消费，在旅游中，游客能够获得精神和文化上的享受，同时旅游也是文化传播和交流的重要途径。可以说两者都能够促进人的全面发展，在功能和价值上是统一的。

1. 资源维度的文旅融合

文化与旅游的深度融合在于资源维度，文化是旅游的一部分，是特殊的旅游资源。因为有了文化，旅游才显得更具内涵和意义。在资源和产品的层面看，文化和旅游是深深交融在一起的。文化和旅游相互包含，相互吸纳融合。文化本身不属于旅游资源，但是文化遗产天然具有吸引物属性。文化内容丰富，有多个方面和多个层次，如艺术、哲学、宗教、历史、文学等等，文化的这些内容并非自身就具有强大的吸引力，很多游客也不是对这些内容有着偏好和研究。之所以能够成为特殊的旅游资源是因为这些文化中形成的物质的部分，例如古建筑，以及非物质文化形成的物质化的东西。

文化和旅游在资源方面的融合，所指的是某个区域带有显著的文化特性，和当今的生活在文化上有着诸多显著的差异，也就是文化特质，这种文化特质有着相当的吸引力，让人们有了解和探索的欲望，当它被旅游产业开发，也就成了旅游的景区。如，故宫博物院就属于文化资源，它同时也是十分著名的旅游景点，每年吸引着上千万的游客参观。部分风景资源带有了文化色彩，就会增强其独特性和吸引力，成为同类景点中的特殊存在，并且文化意蕴越浓厚，其特殊性也越强。如我国有着众多山岳风景，如黄山、长白山、峨眉山等等，风景固然有差别，但这不是游客前来的原因，而是其文化特性，造就了其独特的吸引力，这也是其旅游传播应当突出的重点。

2. 市场维度的文旅融合

文化和旅游的深度融合在于市场维度的融合，旅游是一种文化型消费。旅游行业的发展促使文化资源开辟了新的市场，让文化市场更加具有生机和活力。旅游是文化传播和交流的重要途径，同时也是文化经济化、市场化的重要途径。文旅融合对于旅游行业的发展和文化产业的发展都具有特别的价值，有助于推进文化产业规模进一步扩大，更加层次化，形成现代文化产业体系。旅游行业已经成为世界范围内发展势头强劲、规模最大的第一产业之一，对于文化产业的帮助是难以估量的。当旅游行业加强对文化产品的开发，文化就不仅作用于当地居民生活，更加成为一种消费产品，其意义外化了，市场价值也随着突显。当全域旅游、文化旅游的观念更加被市场接受，文化旅游产品将会更具竞争性，文化产业也会进一步发展。

然而，我们还应当注意到一个问题，当地文化在传播和展示过程中很容易被异化，其内涵会受到破坏，只留下形式，文化也因此失去了真实性，成了表演型文化。

我国是现存唯一的文明古国，具有显著的文化优势和充分的文化资源，旅游必将成为最广泛的文化市场。"以旅彰文"强调的是旅游对文化的作用，旅游使文化市场化，扩大了其受众面，让文化不仅是当地市民生活的一部分，还成为一种产品为游客所消费。基于市场和行业的层面，文化和旅游这两种产业是相互交织的、彼此促进的、相辅相成的。突出文化因素，能够使旅游更具特色和内涵，更加富有品质，而旅游提升了文化的经济化进程，使之作为一个产业能够进入市场，具有市场影响力。文旅部门应当不断深化改革，着力推进文旅产业体系建设和发展。

二、 旅游传播的文化分析

（一） 旅游文化传播的内容、方向与形式

1. 旅游文化传播的内容

旅游文化传播的内容，取决于人们期望其能够对旅游的发展起到一个什么样

的作用和价值。对于很多旅游文化景点来说，更多的是确立旅游地的文化特征，提升旅游地的知名度，积极促进当地旅游文化的发展，当然也为了获取更多的经济利益，这是所有商业的必然初衷，旅游行业也不能免俗。而旅游行业并不像其他行业，拥有看得见、摸得着的产品，而是通过带领游客游览此地获得经济利益。因此，游客们的喜爱对于旅游行业的发展来说是至关重要的。所以在旅游文化传播的过程中，其方式应该是游客们喜闻乐见的内容和形式。

（1）体验式旅游文化

从旅游的本质上看，体验是旅游的核心属性之一，旅游的本质属性就在于差异化中的精神享受。因此，旅游产品的体验化是强化旅游者曼妙体验的重要途径。在旅行中体验从未感受过的文化和风景，甚至是深入探究文化起源和文明演化，这对于很多人来说就是旅行的意义。同时，旅游文化是旅游者和旅游经营者在旅游消费或经营的过程中所反映、创造出来的观念形态和外在表现的总和，是旅游客源地社会文化和旅游接待地社会文化通过旅游者这个特殊媒介相互碰撞作用的过程和结果。它可以被塑造，也可以被传播，并且传播于人，服务于人，这是一个循环往复的过程。

差异化的文化和环境作为体验载体和基质，它们在市场体验需求导向下可以加以组合、设计成各种活动体验产品。同样，基于旅游地旅游文化的传播，也是争夺旅游者有限注意力、启动旅游者消费需求的关键点。由此可见旅游文化传播对于旅游产业发展的重要性。因而，在进行旅游文化传播的过程中，这种体验式旅行形式和内容应该被放在首位。

（2）旅游文化的层层积淀

旅游也是一种拓展和转换生活空间、寻找自由和理想生活的特殊形式，而这种形式需要旅游地的文化来吸引。不论是休闲式的民风民俗旅游，还是探索风光景致的自然之旅，抑或是探访名胜古迹的文艺之旅，甚至是深入了解革命历程的朝圣之旅，都需要旅游文化的层层积淀。只有旅游文化足够吸引人，才能够吸引到更多的不同旅行需求的旅游者。而针对这些不同旅行需求的旅游者，也应采取不同的措施。当然更重要的是旅游地文化的传播要符合旅游地的文化特征，只有符合旅游地文化特征的文化传播形式和内容，才真正能够促进旅游产业积极发展。对于我国很多城市来说，自然景观、人文古迹、红色革命遗址、特色民俗民风等旅游资源，都会具备一二。作为拥有着五千年文明的泱泱大国，很多城市和省份拥有的旅游文化资源都极为丰盛。在进行旅游文化传播时，这些旅游资源都应该体现在旅游文化传播的内容之中。

2. 旅游文化传播的方向

作为一种商业形式，旅游产业也在追求经济利益的最大化，提升旅游文化就意味着要不断将旅游地的文化进行归纳、整合、提升。根据我国丰富的旅游资源和文化特征，我们发现，大众旅游文化的传播正在向精品化品牌化的方向发展。

（1）精品化旅游文化的传播方向

精品化旅游得益于经济的发展。有关数据显示，我国的高收入人群正逐渐增多，人们更富裕，也就更注重在旅游过程中的享受。不论是更加高端精致的酒店，还是美味可口、新鲜诱人的特色美食，甚至是独具特色和设计风格的民宿，都得到了当代旅游者的喜爱和推崇。说到底，是因为人们要在探索旅游地文化的过程中不忘享受，甚至是要在旅游的过程中放松自己的身心，因此这一类型的旅游者更加注重旅游过程中的舒适、享受与放松。精品化的旅游文化传播方向，也要在传播的过程中，突出体现旅游的舒适性。当然，对于这部分人来说以文化景点、自然景区、历史遗迹为核心的配套餐饮、商购、文化娱乐、居住等相关产业也应配套完全，从而才能够为旅行者们提供更加方便的旅游体验。

（2）品牌化旅游文化的传播方向

从1972年中国改革开放到市场经济体制的确立、加入世贸组织，我国经济的飞速发展，不仅让国民更富有，也让我们对于经济发展的规律有了更成熟的认识。旅游产业的品牌化也是我国旅游文化发展的必然趋势。从现在来看，"飞猪""携程"等旅游网站和平台的诞生、演化、发展，便是我国旅游文化逐渐品牌化的一种体现。这样做的好处是显而易见的，有了品牌，旅游者的心中更有安全感，就会对品牌产生信任感，有了这样的情感，品牌也将会越做越强。品牌化的旅游产业，也能更好地为旅游者提供服务和各项保障。这对于旅游品牌和旅游者来说好处多多。由此可见，旅游文化的传播，如果也向品牌化方向发展，那么旅游文化的传播也将更加具有说服力和整体性，这对于旅游地的文化传播将是有百利而无一害的。

3. 旅游文化传播的主要形式

社会结构的变革和信息交流方式的变革，都会使信息交流与传播的速度得以提升。尤其是网络时代的到来，更是扩大了信息交流与传播的范围，同时，也颠覆了以往信息传播和交流的形式。以往传递信息的通常都是掌握某种传播媒介的群体或个人，如电视、广播、报纸等传统传播手段和形式，但现在随着网络和移动终端系统的迅速发展，崛起了很多新兴的信息传递平台，从而也兴起了新的信息传播媒介。这种现象促使每一个人都成了大众信息的发布者和传播者。这对于传播文化的发展和信息更快、更广的传递是非常有必要的。借助这种传递信息的新形势，也借助那些终日活跃在各个社交平台上的"自媒体"们，传播速度不断增快。同时，当前信息大爆炸时代背景下，有价值的不仅仅是即时传递的信息，更是人们对信息的注意力。这种注意力，从传播学角度来说，就是指人们关注一个主题、一个事件、一种行为和多种信息的持久程度，这对于当前信息的传播来说是非常重要的，因为只有人对信息感兴趣，并且有传播的兴趣时，信息才会继续传播。旅游文化的传播也要借助这样的形式进行传播，才能够传播得更广、更快。

（1）以"自媒体"的形式传播旅游文化

在互联网和移动终端技术不断发展的今天，人们早就已经习惯了从网络中获得一天中大部分的信息，而这种信息的传播形式也催生了一种新的商业形式。这种商业形式将旅游者转化为传播者，将旅游过程中的体验和感受，以图片或是文字、短视频等形式传播给其他潜在的旅游者，并促进这些潜在的旅游者成为真正的旅游者。这种借助"自媒体"力量的旅游文化传播方式，是付出经济利益最少，却收益最大的一种形式。因为现在的旅游，早就不是单纯地介绍景区的文化，而是更多地与游客进行互通，增强游客的旅游体验感。只有让游客们感到有趣，才会吸引更多的游客前来旅游地旅游，因为从某种意义上说，每个人都是"自媒体"。

（2）以纸媒、电视媒体等传统方式传播旅游文化

几十年前曾是纸媒和电视媒体等媒介大力传播文化和信息的时代。当时，我

们每一个人都是它的受众群体。作为文化与信息传播的主流媒体，旅游文化自然也是传播的一部分。在这种媒体上传播的旅游文化，一般情况下会对其信息进行筛选、加工、比较，从而形成对旅游目的地文化比较清晰的形象。因此，即便是现在许多旅游景点和其所承载的旅游文化，都是通过电视、报纸、广播等媒体传播出去的，同时，网络信息虽然铺天盖地，但仍为碎片文化，欠缺系统、深入的传播优势。更重要的是，各类网络信息充斥着人们的眼球，人们在选择信息时，难免理不清头绪。而这些传统媒体，不仅具有长期传播信息和文化的影响力，也更具有领导力，能够让潜在的旅游者产生信任感。尤其是电视作为声画合一的媒体，在介绍旅游文化时，仍站在"第一线"，让游客产生旅游欲望。

（二）旅游传受者的文化分析

旅游传播者既包括旅游活动的主体——旅游者，也包括旅游目的地的当地居民以及旅游活动中介体中的相关服务人员，与此相对应，旅游受传者同样由担任这些角色的旅游活动的相关群体或个人组成，这些群体或个人之间的传授角色关系将伴随着旅游传播活动的发展与深化而相互转化。因此，旅游传受者的文化行为，正是旅游行为的一种外化形式，归根结底就是人类的文化传播行为。

旅游传播者的任务就是搜集、筛选、加工旅游信息并对这些信息进行传播，然后再收集和处理反馈信息以便进行新一轮的传播活动。这首先要求旅游传播者必须深入社会生活的各个方面，广泛收集旅游及相关方面的信息。如作为旅游传播者的旅游服务中介机构一方，必须努力调查旅游者或潜在旅游者的性别特征、个性爱好、兴趣需求、消费倾向、出游动机等资料，然后对这些信息进行加工整理，以便针对不同的旅游细分市场进行差异化的旅游信息传播。而信息传播之前，基本上都有一个预期的传播对象和传播效果。这些对象是否接收了，接收之后是否接受了，效果如何，都必须收集传播的相关反馈信息，如问卷调查、个别访问、集体座谈会等。得到反馈信息后，旅游传播者还必须对这些信息进行及时处理，去伪存真、由表及里，综合分析与归纳后得出结论，用以指导下一步的旅游传播实践工作。在旅游传播中，旅游传播者既享有一定的权利，也必须承担一定的责任。在法律许可的范围内，人人都应该享有自由传播的权利。但是，旅游传播者不应该违反法律，也不应该违反社会公德和传播者的职业道德，这就是旅游传播者所应承担的责任。

旅游传播受众有着跟传播者不同的相关文化特性。自主性与可变性是旅游传播受众的两个基本属性。旅游传播受众可以自主决定是否接收旅游传播者传递来的旅游信息，旅游传播受众不是传播机构的下属，不受传播机构纪律和规章制度的约束，旅游传播机构只能绞尽脑汁吸引人们来接收，却不能强求人们必须接收。旅游传播受众总要受到社会环境的影响，包括他们所属群体对他们的影响，也包括旅游传播和其他各种社会条件对他们的影响。这些影响最终将导致他们接收兴趣、接收方式、接收习惯的改变。这就是旅游传播受众的可变性。此外，旅游传播受众接收旅游传播者发来的旅游信息，一定存在着他们固有的文化心理动机。他们接收这些旅游信息，首先是由他们的需要决定的。如旅游者在出游前，必须了解目的地的文化背景、风土人情、生活习惯等，否则不能达到旅游的目的或收到良好的出游效果。其次，接收旅游信息是旅游受众实现心理健康、获得精神享受、获取科学文化等各方面知识的途径之一。通过信息交流，人们可以有效地减轻乃至消除孤独、寂寞、忧虑、恐惧等情绪；通过信息交流，人们可以消除心神的疲惫，恢复精力；通过信息交流，人们可以获取各种知识，品味人类宝贵的精神食粮。

（三）旅游传播内容的文化分析

旅游传播的内容包括旅游主体信息的传播、旅游客体信息的传播、旅游中介体信息的传播，这些旅游信息传播的文化属性，也就是旅游主体、旅游客体以及旅游中介体的文化属性。

旅游主体，即通常所说的旅游者，是旅游资源的享用者，是旅游活动的实践者。人们为什么要旅游而不选择其他活动，究竟是什么原因使人们兴致勃勃地将旅游活动进行到底并准备再次出游，这涉及旅游主体的动机问题。动机产生于需要。进行旅游活动的最基本原因是旅游需要。旅游需要是人们满足了基本的生存需要后，在安全需要和社会需求得到保障的前提下，对自身文化的陶冶和自我期望的实现。就旅游者自身而言，他对旅游的需求，会受到年龄、性别和受教育程度等因素的影响，尤其是受教育的程度。在西方国家，受教育程度高的人大多愿意旅游，平均每年的出游次数较多，因为旅游能满足他们高层次的精神需求。同时，旅游者还要受到目的地环境的影响。文化的交流是双向的，旅游者在把隶属于本民族或居住地的文化带到旅游目的地的同时，也在感受、体会目的地的文化氛围。

旅游客体，即旅游资源，是指旅游的吸引物和吸引力因素。旅游资源按着基本成因和属性，可以分为自然旅游资源和人文旅游资源。自然旅游资源包括名山胜水、森林草原、海洋湖泊、沙漠温泉、珍奇动物和奇花异草等；人文旅游资源包括历史遗迹、帝王陵寝、名城古都和民俗风情等。在旅游资源开发时，旅游地首先需要考虑的就是有什么文化因素可以用来开发，创造价值，吸引游客。对旅游资源开发，一定要做到深度挖掘，绝不可停留在对传统文化的简单重复甚至生搬硬套、断章取义的水平上，而是要创造各种文化氛围来满足不同层次、不同国别旅游者的不同需求。

旅游中介体，又称为旅游媒体，是指帮助旅游者顺利完成旅游活动的中介组织，即向旅游主体提供各种服务的旅游部门和企业。旅游中介体能够为旅游主体去组合不同类型的旅游客体，形成食、住、行、游、购、娱一条龙游览线路，使旅游景观的内在文化价值得到充分展示和宣扬，使旅游景观为社会所认识，通过多种角度、多种方式给旅游主体以文化的熏陶和启迪。同时，旅游中介体本身也具有鲜明的文化属性。旅游中介体，不论是旅游服务者的服务资质、服务个性，还是旅游行政管理者的管理理念、管理措施，无不渗透着文化的内涵，这些内涵同样会使旅游主体得到感受。一些旅游发达的国家和地区，非常重视每个相关文化载体的作用，不让任何一个文化氛围薄弱的旅游中介体环节影响整体旅游文化氛围的做法，这值得我们学习。

三、 基于文旅融合的旅游传播策略

（一） 文旅+元宇宙

文旅元宇宙将引发深刻的产业变革文旅元宇宙是科技与文旅融合发展的创新

应用，将深刻影响旅游产业未来走向。旅游产业或将迎来一场以体验重构、形态重塑为导向的产业变革。

一是对消费者而言，文旅元宇宙将变革体验形态、强化虚拟社交、激发个体创造性生产力。交互技术、建模技术等的运用将在文旅元宇宙创设出跨越虚拟与现实的三维体验与立体场景，极大地拓展旅游空间，增强体验的临场感。如再现遗迹原貌，生动展示历史与文化。基于区块链技术的非同质化代币（non-fungible token，NFT）将为文旅元宇宙引入可确权、可追溯和不可分割的"数字藏品"，在虚实交互的新空间实现市场价值。不同于当前各应用平台凭借手机号码、电子邮箱等注册的字符式 ID 账号，数字身份将基于消费者在现实世界的多重特征，打造三维社交新形象。一（"真身"）对多（"化身"）的形象架构使得消费者可以在不同的文旅元宇宙中自由穿行，"异地同游"将成为日常化的体验形式。进一步地，秉持去中心化思想，消费者将创造大量用户生成内容（user generated content，UGC）充实文旅元宇宙内容生态；同时，作为核心生产要素的数据将以快速生成的人工智能生成内容（AI generated content，AIGC）形式呈现。

二是对市场主体而言，文旅元宇宙将实现旅游产品升级迭代，形成新的组织形态。与需求侧对应，市场主体既需依靠技术手段实现旅游产品的"元宇宙转型"，又要在海量 UGC 中把握实体旅游 IP 数字资产化的机会，做到"改造"与"创造"双管齐下，以适应文旅元宇宙所建立的全新产品规则。如虚拟数字人（meta human）在文旅元宇宙中即可以 3D 实时交互形象扮演"AI 导游"角色，提供元宇宙目的地导览服务。文旅元宇宙也将成为开展营销活动的新空间。同时，市场主体的组织形态将面临转向如岛（decentralized autonomous organization，DAO）的分布式、去中心化的变革，利用智能合约实现可靠而高效的管理。一大批基于元宇宙的原生市场主体将出现在文旅元宇宙中。

三是对治理主体而言，文旅元宇宙将改变传统治理方式，塑造全新监管模式。文旅元宇宙的"去中心化"体现在相对于平台经济的"中心化"，个体节点功能将得到大幅提升，政府管理部门仍将在文旅元宇宙中发挥重要的治理作用，其手段与渠道将同步实现高度数字化，以旅游公共服务、市场监管为主的政务场景也将是文旅元宇宙的重要组成部分。目前，元宇宙已经进入旅游产业视野，成为部分景区新的着力方向。如张家界成立元宇宙研究中心，武夷山启动元宇宙旅游星链计划，云台山发布建设"国风元宇宙"的系列宣传片，古北口镇提出要打造全国首个"文旅元宇宙小镇"，等等。但受制于现有技术水平，这些探索性实践仍属于推进文旅元宇宙建设的前期铺垫。

（二）促进旅游传播与文化建设

旅游是人类生活中的一个整合系统，而旅游发展则是指旅游由小到大、由单一到整合、由低级到高级、由旧质到新质的运动变化过程。它包括旅游内外的主客体、元素、内涵、过程、途径等方面的发展，其中文化因素贯穿始终，旅游传播文化在旅游发展中起着重要的，甚至是举足轻重的作用。

第一，要重视旅游文化信息的传播，这对于旅游规划和旅游策划十分重要。旅游规划涉及多方面的内容，要对旅游、地理、建筑、管理、文化、经济、博物、社会等各领域的信息进行了解和分析，基于综合信息开展工作。旅游规划的重点在于对游客和旅游目的的把握，在旅游规划中要对其市场、资源开发、环境保护、设施建设等进行综合性把握，要完成这些工作，旅游信息交流与共享都是其内在的基本指向。旅游策划与前者只有一字之差，但内涵上大相径庭，其对象是某旅游组织和产品，工作内容要相对简单。旅游策划要牢牢抓住文化这一要素，充分发掘旅游组织或产品的文化内涵，这就要求对当地文化进行深入调查和分析，设计合适的文化主题，突出其文化色彩，让游客在旅游的过程中能够深刻感受到当地文化，受到文化熏陶。如迪士尼的成功就在于对童话文化的挖掘和打造。

第二，要认识到文化对于旅游行业的重要性，以及在旅游资源中的特殊性。旅游资源通常包括旅游景点、风景区等等，正是因为游客为这些旅游资源所吸引，才有了旅游业的发展，所以要重视对旅游资源的开发，不断加大开发深度和广度，尤其要强调挖掘旅游资源的内涵和开发方式，而这一工作关键的就是其文化性和形象设计。开发旅游资源，挖掘其吸引力，应当立足于自然地理情况，重点探索其历史文化传统和文化底蕴，深入精炼其地域人文精神，不断治理其生态环境，构建优质生活环境，提升其经济服务，激发经济活力，从而打造优质的旅游资源形象。

第三，文旅融合强调的是使游客收获文化熏陶，这也是旅游行业实现发展的重要宗旨。旅游是为了满足人们的一种精神需要，任何旅游活动都是以游客为中心，游客始终占据主体的地位。游客的类型是多样的，包括消遣型、差旅型、事务型等等，可能是散客，也可能是团队，但是不论怎样的游客在旅游时，都是带着各自的文化背景来到陌生的环境中，产生了文化交流。而在这之中游客能不能实现较为成功的文化交往，一定程度上要看其交往心态、知识和交往能力。

第四，文化和旅游是相互交融在一起的，从旅游的各个层次中都能看到文化因素的存在。在旅游学内涵这一层次中，旅游物质文化、旅游制度文化、旅游精神文化就组成了其基本架构，旅游精神文化中所包含的都是文化因素，而精神文化之外的物质，如景观、旅馆等，要想提升对游客的吸引力，也要挖掘其隐含的文化特色、文化内涵等，旅游制度，也就是旅游相关的法律法规、游客行为规范等等，其在出台和执行的过程中都要考虑人文因素，充满人文关怀。在旅游生产力要素内涵这一层次中，其可以分为食、住、行、游、购、娱等多个方面，而这些方面也形成了相应的文化，如旅游饮食文化、旅游园林文化等等。在区域旅游内涵这一层次中，旅游是充满地域性的，不管是自然地理还是当地风情都是地域文化的一部分，如齐鲁文化、巴蜀文化、岭南文化等。

第五，要重视大众传媒的应用，这是文旅融合发展的重要推助力。不管是传统媒体，还是新媒体，都是旅游发展的重要力量，利用大众传媒有助于进行对新景点的宣传，开展旅游产品的推广和营销，及时发布旅游服务信息，号召游客文明旅游，进行旅游行为规范的宣教，接受游客的反馈和建议，宣传旅游政策的变动，等等。如电视对于旅游业有着重要价值，尽管新媒体来势汹汹，但是电视至今仍是强势媒体，是各年龄段的受众都乐于接受的文化媒介，电视和旅游结合最显著的成品就是旅游节目，这类节目十分重视文化心理和文化价值的传播，往往具有趣味性、知识性和服务性等，这也是旅游节目获取观众的重点。游客在旅游过程中，通常会希望能够体验较多的优质项目，欣赏较多的经典景点，走一条特色而全面的旅游线路。旅游节目就应当适应游客的这种心理，报道新奇的、优质的旅游项目，如当地特色民俗节日活动、新游玩项目、特色景观等等，全方位地展现旅游文化风貌，促使观众获得有用的旅游文化信息，了解更多的优美景观。电视旅游节目要突出欣赏性，对于呈现的内容，要强调画面的美感，传达自然之美、文化之美，这样才能激发观众的游玩兴趣。此外，电视旅游节目还要突出服务性，让观众了解到游玩的注意事项，了解景区的服务设施和项目的信息，为他们提供全面的信息。

（三）大数据赋能"文旅融合"

大数据已经成为诸多行业、产业生产、管理、决策和服务中使用的重要技术，旅游行业也不例外。其大数据的搜集不仅要关注旅游目的地的旅店、餐馆、景点、交通等方面管理系统，还要关注微博、小红书、携程旅游等平台。大数据信息的类型十分多样，包括图文、视频、音频、定位等等，这些信息数据在经过收集、加工、分析之后就能够形成具有商业价值的资料。所以，旅游行业要重视对大数据技术的应用，利用大数据对游客行为和心理、旅游产品、旅游服务等进行分析，同时要认识到文化和旅游之间相互交融、相互促进的关系，文旅融合是国家政策的要求，更是旅游行业发展的重要方向。大数据时代，文旅融合发展也离不开大数据的支持。

1. 重构文化生态，驱动"文旅融合"

文化产业整体上具备较高的创意性、知识性和融合性，也因此需要大量资源、优质人才的参与，是开放的、多元的，也就是说从根本上看文化产业必将产生和应用大数据。从文化产业现状来看，大数据已经深刻影响到了其整体生态，促进了其生产与消费方式的变革，促进了创作和传播方式的变革，因此，文化产品不再为地域所制约，其表达方式越发多元化和生活化。大数据正在重构文化生态，让文化产业焕发生机，这也促进了文旅融合。在文旅融合的规划方面，政府始终是其中的主导，应当充分借助大数据开发和整合区域旅游资源，设计突出文化特性的旅游产品，促使旅游业朝着文旅融合方向发展。例如，贵州省地处云贵高原，自然风光宜人，生活着多个少数民族，民族文化丰富多彩，还拥有大量红色文化资源。政府就基于这一情况，充分利用大数据，联合旅行社设计了多个旅游线路，将这三种资源有机结合，使游客既可以观赏到美丽的自然风景，又可以体验独特的民族风情，还能够追忆革命历史。

2. 链接消费市场，激发"文旅"活力

大数据对文旅融合发展的促进体现在链接消费市场方面。首先，大数据的应用推进了信息充足，这就使产业融合速度加快，不同行业之间能够深入合作，旅游企业和其他企业能够设置客户共享信息系统，也能够学习成功企业的管理制度，促进了其人才、品牌信息和渠道的融合，这样企业就能够更加深入地掌握市场信息，敏锐而及时地分析和预测旅游市场的变动，进而促进旅游市场质量的提升。其次，大数据的应用还作用于产品设计和生产方面，文旅融合要协调文化和旅游的关系，要充分了解游客想要什么样的旅游产品和服务，以及游客需要什么样的旅游产品和服务，对两者进行协调。旅游企业能够借助大数据进行资源整合，从数据中获取游客的需求和消费心理，抓住潜在消费者，设计和生产优质的、个性化的旅游产品和服务，推出定制服务，优化游客体验，提升其满意度，并且做到讲好中国故事，既遵照防疫政策，又推动旅游市场的稳步增长。

3. 保护旅游环境，发展绿色"文旅"

文旅融合发展不能忽视旅游环境保护，这是生态建设的要求，是绿色发展的要求，大数据在其中的作用主要体现为对生态环境数据的开发管理，这也是环境保护的工作内容。首先，要充分利用大数据和物联网等技术加强环境监管，构建实时监控系统，借助大数据掌握旅游环境现状，并预测其发展，构建完善的监测体系。还可以充分利用遥感技术、卫星定位技术、地球信息技术等现代化技术，实现对旅游环境问题的早发现和早处理，作为重要的数据信息为保护决策和治理措施的制定提供支持，推进文旅融合走上绿色发展道路。其次，借助大数据可以实现数据信息整合，政府旅游管理部门应当和环境保护部门以及旅游企业等合作，共享旅游环境信息，将之集成、整合，构建出健全的旅游环境数据信息共享平台系统，促使旅游环境服务更加优质、环境监管更加准确、决策更加合理，打造绿色文旅。

第三节　旅游传播的创新研究

一、　大众传媒背景下的旅游传播创新研究

（一）大众传媒的组织目标

大众传媒作为社会组织，其活动也要受到其所处的国家、社会等因素制约。

1. 传媒的经营目标

大众传播组织必须从事经营活动，这是维持组织自身生存和发展的前提，传媒需要支付工资，需要购买昂贵的技术和设备，需要保障信息生产和传播正常进行的流动资金，这些客观需要使得传媒组织必须把经营活动放在重要的地位，换句话说，传媒必须面对市场，必须把自己的信息产品或服务作为商品在市场上销售出去。媒介收益来源于：广告和产品的销售、发行量和收视率。这意味着传媒面对市场的压力同样来自两方面：广告主和消费者。二者相互联系，相互区别。一方面受众越欢迎，发行量越大或收视率越高，媒介的广告价值也就越高；另一方面，受众的利益和广告主的利益并不是一回事，而且两者之间往往存在对立关系。

2. 传媒的宣传目标

传媒在从事经营活动的同时，也对某种思想进行宣传，灌输某种意识形态，提倡某种信念。信息生产属于社会的上层建筑直接相关的精神生产，每种社会信息产品中都不可避免地包含着特定的观念、价值和意识形态，对社会意识和社会行为有着重要的引导和控制作用。因此各种利益集团和政党都把传媒当成自己的发挥影响力，维护自身利益的工具。

传媒宣传目标的实现途径：

言论活动——具有直接的宣传功能，传媒组织可以通过社论，评论等形式直接宣扬某种思想。

报道活动——具有间接的宣传功能，主要是在信息的选择，加工和刊载上贯彻传媒的方针和意图，达到潜移默化的宣传效果。

3. 传媒的公共性和公益性

传媒具有公共性和公益性。在现代信息的传播过程当中，传媒是重要的参与者，大量信息由其生产和提供，提供了一种信息方面的公共服务。传媒在信息传播中发挥的作用是不可忽视的，直接影响着人们的政治、经济和文化生活，甚至对社会秩序和公共生活也有着潜在的影响。传媒在自身工作中会使用到一些珍贵资源，这些资源是公共的，传媒也需要遵守一定的义务，承担一定的社会责任。

传媒组织为了生存和发展必须要完成一定的经营目标，这是营利性的，在经营中还要实现一定的宣传目标，这就与其公益性和公共性产生了一定的冲突，而各传媒组织在这两方面的制约是存在差异的，有的重视前者，有的重视后者。通常而言，国有媒体在活动中更加看重宣传目标的实现，要发挥出更加突出的公益性和公共性，相比营利更加看重社会效益。但是，当前社会不断朝着信息化的方向前进，部分国家将大众传媒归纳为信息产业，即使是国有传媒也开始重视经营目标和营利，我国也是如此，传媒组织更加产业化和集团化，经营目标的制约逐渐加强。

我国当前仍旧将社会主义建设放在首位，基本国情没有变化，仍旧要为人们创造高度的物质和精神文明财富。关于传媒组织的定位和发展要始终坚持社会主义前进方向，坚持社会主义公有制，坚决反对垄断，要让传媒属于全体人民、服务于全体人民，这样才能够保障社会主义新闻自由。同时我国的传媒发展和新闻传播事业建设要始终坚持党的领导，要坚持公益性和公共性原则，发挥新闻报道、信息传递、舆论引导等公共服务作用，同时也要认识到我国的新闻传播事业也是经济生活的一部分，具有经济功能。

应该指出的是，我国的社会主义传播制度及其规范体系还处在不断的改革、发展和完善过程中。我们也只能在实践中不断摸索和完善符合中国国情的，具有中国特色的社会主义传播制度。

（二）全媒体环境为旅游传播提供的便利条件

1. 游客接收和获取旅游信息更加方便快捷

在现代社会，人们处于一种快节奏的生活当中，平时的休息和娱乐往往是利用碎片化的时间，只有在节假日会有旅游活动。这也就意味着旅游的旺季集中在节假日，十一黄金周就是典型例子。在节假日，大量的游客会导致一些设施和服务的紧张，游客的排队时间会加长，在感到不便的同时，也拥有了碎片化时间可以了解当下的旅游信息。较为传统的方式，如宣传单、景点的介绍立牌等所提供的信息十分有限，并且有位置的限制，全媒体环境则显示了突出优势，游客可以在手机上通过微信、微博等新媒体搜索和发布各种旅游信息，让旅游信息的传播更加快速、获取更加便捷。在到达景点之前，游客就能够通过新媒体了解厕所等公共设施的位置、特色景点和服务项目等，从而获得更舒适的体验。全媒体环境让游客接收和获取旅游信息更加方便，也有效提升了游客黏性。

2. 旅游传播内容和形式更加丰富多样

全媒体环境让旅游传播内容和形式更加丰富多样，在过去的旅游活动中，旅游信息的提供者往往是旅行社，它们掌握着这些信息，并推出旅游服务，为游客设计旅游线路、提供导游服务、安排交通和住宿等。旅行社的作用是十分重要的。而全媒体环境的当下，游客不通过旅行社就能够接收到各种旅游信息，可以自己安排旅游线路，通过各种软件预定出行和住宿等服务，在新媒体中查阅他人的旅游记录和旅游攻略，并留言求助和交流等。新媒体成为旅游宣传和推广的新阵地，基于新媒体，旅游企业和政府旅游管理部门推出了更加多样的信息服务和新鲜的推广宣传活动，其庞大的用户数量、强大的信息传播能力，在无形之中推进了旅游传播的变革。

（三）大众传媒环境下的旅游传播创新策略

1. 全力开展形象宣传和产品推广

对于旅游业的发展，形象宣传和产品推广始终是关键性的工作内容。通常而言，政府旅游管理部门更加重视前者，着力打造良好的旅游形象以吸引游客，而旅游企业则更加关注后者，通过产品推广赢得消费者。在当前基于大众传媒的旅游业，应当推进这两者的融合，政府部门和旅游企业应当不断尝试多种合作途径和合作方式，革新旅游面貌，将双方资源进行整合，推出令人耳目一新的旅游形象和独特而优质的旅游产品，使两者更有地方特色和代表性，从而促进旅游质量的提升。

2. 积极拓展新媒体宣传和推广渠道

新媒体已经革新的信息传播的整体面貌，在各行各业产业的发展中贡献了突出力量。旅游业要发展也不能忽视新媒体的应用，应当不断探索新媒体的利用方式，拓宽其宣传推广渠道，让新媒体和旅游信息的传播更加融合。政府旅游管理部门和旅游企业都要积极借助新媒体开展日常工作，加强对微信和微博的使用，积极经营官方账号，采取多样化的新媒体宣传方式和活动，或者打造专门的新媒体平台，多方面地宣传旅游资源、产品和服务，营造自己的粉丝社群，不断优化新媒体板块，以丰富有趣的内容提升宣传效果，增强自身号召力，吸引更多的游客。

3. 增强对新媒体技术的应用力度

旅游企业要始终重视对市场的把握，顺应市场变化，借鉴和学习知名企业和国外先进的发展理念和管理模式，正确认识新媒体的优势，以及其在旅游业发展中的价值，增强对新媒体的应用力度。这些企业应当随着行业的发展不断革新发展理念和发展战略，开发智慧旅游模式，加强对"双微"的利用，畅通宣传渠道，重视营销推广的针对性和互动性。除此之外，政府旅游部门要发挥自身职能作用，构建当地的旅游资源网站和平台，积极与国际社会接轨，通过多种语言对当地的旅游资源、风土人情、历史文化等进行阐述，加强对 3D 技术的开发和应用，构建虚拟旅游空间，让受众更加直观地感受到旅游产品和服务，加强吸引力。

二、 基于旅游传播的理论及制度创新

（一）旅游传播的理论创新

1. 指导思想创新

旅游传播作为新兴的大众性社会活动，其理论构建问题必定涉及我国现行的传播理论和传播体系结构。

2. 传播理论与结构创新

我国旅游传播理论主要包括母系统和子系统两个层次。母系统就是关于旅游传播学的总体理论，涉及旅游传播的性质、旅游传播的原理、旅游传播的规律、旅游传播的控制等问题；子系统就是旅游传播的分支理论，主要涉及旅游传播的要素、类型、功能、反馈等问题。

3. 旅游传播性质创新

在现代社会，旅游传播已成为全社会的行为，所有的社会行为都有传的要求

和知的欲望，也就是与旅游并行的旅游传播活动已进入"寻常百姓家"了。旅游传播属于自上而下的信息产业传播体系，是商业化、产业化、市场化的传播媒体，主要传递与旅游、休闲相关的信息，以满足广大人民的需求。

（二）旅游传播的制度创新

旅游传播制度是制约旅游传播活动的阀门，是旅游传播活动能否得到顺利进行的根本保障。旅游传播制度的创新是确保旅游传播得以与时俱进的法宝，要想确保我国旅游传播事业在纷繁复杂的竞争中立于不败之地，就必须走制度创新之路，实施新一轮的制度变迁。根据新制度经济学派的观点，制度作为一种稀缺资源，也存在需求和供给问题，当制度需求超过制度供给时，就导致新的制度的产生，或者通过诱导性制度变迁和强制性制度变迁，以达到制度供求均衡状态。

从一般理论上讲，旅游传播的制度创新宜分两步进行。首先，旅游传播媒体单位要把传播与经营严格分开，明确规定这两方面各自进入的范围并使之规范化；其次，旅游传播媒体单位的经营管理部门要建立起现代企业制度，即对各个经济主体实行规范的公司制改造。如构建新的财产制度、健全企业法人制度、建立完善的企业组织制度、建立科学的企业管理制度等。

总之，我国的旅游传播应该在企业化管理与市场化运作的新思想、新观念指导下，由静态、粗放的行政化管理向动态、系统的企业化管理转变。在这个转变过程中，市场的竞争力、网络信息技术的推动力和利润的诱惑力等，将使旅游传播产业在产权明晰化和产权主体结构多元化、产业组织结构和产品结构合理化、媒介市场一体化和市场制度法制化的运行过程中形成一个健全良性的社会运行机制。同时，旅游传播媒体单位实现体制创新，建立现代企业制度后，通过多元投资，经济实力大大增强，以资本为纽带，通过市场实现跨媒体、跨行业、跨地区，甚至跨国经营也就成为可能。在旅游传播媒体单位的基础上组建大型跨地区多媒体集团，能使集团的产业结构、经济结构全面升级和优化，有效地增强集团的竞争力和抗风险能力。

第六章　新闻传播理论与实践的新发展

近十几年来，新闻传播学理论已经出现了一个百家争鸣的局面，这使新闻传播理论与实践呈现新的发展趋势。本章为新闻传播理论与实践的新发展，依次介绍了数字化发展、跨学科发展、本土化发展三个方面的内容。

第一节　数字化发展

一、新闻传播中的数字化技术

数字化技术是指文字、声音、图片等通过数字化设备转换为计算机可以读取的信息，从而进行处理、传输、存储的过程。数字化技术与计算机技术息息相关，以计算机为载体，数字化技术广泛应用于各个研究领域。新闻传播领域中，数字化技术的使用和传播造成了巨大的影响。它的应用改变着新闻的传播方式，也改变了人们读取新闻信息的方式。新闻传播中的数字化技术的应用主要表现为数字虚拟技术的应用。数字虚拟技术是基于计算机算法的、能非常逼真地通过计算机技术重现现实环境的虚拟技术，其还原效果甚至可以超越 3D 建模技术。因 Flash 动画技术支持，用户可以自主控制屏幕画面，获得身临其境的体验。现在数字虚拟技术广泛应用于博物馆、美术馆等展馆。数字虚拟化技术具有分辨率高、真实、交互性强等特点。同时，它还具有很强的开放性，可以与其他领域进行融合创新。作为一种新的工具，数字虚拟技术可以开拓制作者的思维，从而在不同领域创造新的表现形式，提高产出内容、作品的水准。

随着科技的进步，用户可以操控数字虚拟技术随意控制场景的切换和转移视角，这样就可以看到整个场景内的情况，并且观看效果是高清晰度的，能带给用户极佳的视觉体验。用户在观看的同时，还可以自主添加各种音乐、动画等多媒体内容，增强技术的互动感。对于三维物品，此技术可以做到从各个方向、不同角度观察细节。此外，数字虚拟化技术的制作时间短，可以应用在多种设备上并且支持多种媒体格式，还不需要占用大量的存储空间，其数字化的信息存储方式还可以使新闻内容更加完整地被保留下来，人们即使在网络条件不好的情况下也可以比较容易地观看新闻。

（一）数字新闻的形成与发展

在数字技术的冲击下，随着新时期新闻生产理念和实践模式的不断变化，新闻理论体系原有概念框架逐渐呈现无法适应技术发展和环境变化的趋势。数字新闻主要指的是在数字时代，依托信息化渠道，以数字或图表作为呈现方式且具备一定新闻价值的新闻体裁。与传统新闻报道形式相比，数字新闻是新媒体时代新闻传播中的一种特殊形式，它随着数字社会的产生而产生，发展而发展。作为数字技术和新闻行业结合的典型，数字新闻丰富了传统新闻传播的途径和形式，同时也给新闻理论研究领域带来了许多新的研究方向和思路。一般来说，数字新闻具备几个特点：第一，产生于信息化、数字化时代环境；第二，内容经过更加精确的量化计算；第三，呈现方式多为数字和图表；第四，具备一定的新闻价值；第五，必须真实客观地反映社会现实；第六，一般具有简洁性和通俗性的特点。

（二）数字时代新闻理论创新的主要内容

1. 数字新闻的生态性理论

新时期，许多新闻从业人员认为数字技术对新闻产业发展的影响并不是工具性的，而是生态性、全面性的，如许多信息化技术在新闻理论体系的创新发展中扮演了生态性的角色，这意味着数字技术不仅为新闻学的研究带来了外部形态上的改变，而且对其内在逻辑和机理也造成了深刻的影响。一些曾经在传统新闻学理论体系中毫无争议的命题内容，在数字新闻学理论中却失去了应有的合理性。以新闻产品的真实性为例，传统的新闻工作者和研究学者普遍认为新闻的真实性属于其本质性特点之一，但在数字时代，新闻的真实性有时成为一种可操作的特性，这一定程度上与追求数据科学性、客观性的传统新闻理念是相悖的。针对这一转变，新时期的新闻从业者应正确认识数字技术对传统新闻产业的冲击和改造，尽可能摆脱固有的身份认同和认知惯性。

2. 数字时代的新闻道义理论

道义理论最初用于讨论人类在社会交际互动行为中应该承担的道德义务和责任，在数字时代的新闻理论中，道义理论也应该成为新闻理论创新的重要内容。这主要是因为在传统媒体时代，传统新闻理论体系将社会责任放在了非常重要的位置。但随着数字化新媒体形式的不断涌现，许多新闻从业者提出了与之不同的观念，如一些人认为数字技术有助于新闻业继承并发扬传统新闻行业的社会责任，认为信息化、智能化的算法有助于受众更好地认识社会现象的本质，引导不同受众群体形成对社会发展思想的理性认识；但也有少数人对新闻业的社会责任持否定态度。因此，在新时期新闻理论创新研究中，相关从业人员要对新时期的新闻道义理论进行反思和探讨，以便更好地发挥新闻业对社会发展的促进作用。

3. 数字新闻行业的技工性理论

从数字时代新闻研究的理论发展现状来看，许多新闻从业者对自我身份的人文性认知普遍下降，对专业性、科学性的认知明显提升。许多学者在新闻学研究过程中也曾提出新闻从业人员的职业化和去职业化概念，他们从不同维度对数字化新闻媒介的发展以及新闻从业者的职业化进行了深入的探究。从数字时代新闻从业者的转型发展来看，电台广播新闻从业者比电视新闻从业者的数字化转型显得更加顺利，这是因为不同新闻领域从业人员对自我身份认同的结构认知存在差别。广播新闻从业者对"广播"这一媒介属性的认知高于"新闻"本身的认知，而电视新闻从业者对"电视"这一强势媒体的认知则高于对新闻行业本身的认知。同理，数字时代新闻从业者对职业化的认同也逐渐呈现强化数字媒介的科学属性，弱化新闻内容的人文属性的新趋势，呈现某种"技工性"的发展趋势。

二、 数字时代新闻传播发生的变化

(一) 数字时代新闻行业运作模式的变化

1. 新闻的内容编辑和生产

新闻生产工具的迭代发展是增强整个新闻产业生产力的重要保证，在数字技术飞速发展的新时期，许多具备现代科技元素的新闻生产工具不断涌现，推动着新闻传媒产业飞速发展。数字技术在新闻采编领域的广泛应用，使新闻生产的整体效率和新闻产品质量得到显著提升。在这样的发展背景下，未来新闻产业的竞争越来越取决于新闻机构数字技术及生产力的高低。以新闻的编辑过程为例，许多传统的新闻编写方式正被数字化、信息化的软件编辑工具取代，这一变化同时也要求新闻编辑人员具备更高层次的数字化应用能力，掌握更多软硬件的使用方法，以便为数字时代的产业创新打下良好的基础。

2. 新闻产品传播的变化

数字技术的应用对当前新闻传播的介质和新闻内容的呈现产生了重要影响，许多新闻产品由以往单一化的呈现方式转变为当前多元化、数字化的呈现方式。这一变化一方面要求相关从业人员对新闻产品生产的环节和流程进行重新规划，不断融入新的运作模式和新闻编辑理念；另一方面，学术研究人员也要从全局出发，对数字时代新闻传播特点、发展方向及所应承担的责任与义务进行补充和阐释。在数字化背景下，新闻产品的生产、传播与接收不再受到传统新闻环境中时空的限制。这要求新闻编辑充分考虑到受众的新闻偏好和兴趣发展，选择能够最大限度发挥新闻传播效益的发布时间和新闻传播介质，从而取得更有效的新闻传播效果。

3. 新闻媒介组织单元的变化

在数字化传播环境下，新闻产品更加依赖新闻介质的转换，尤其在多元的信息化环境下，新闻产品的有效传播往往需要借助许多不同新闻传播介质进行转载，因此涉及的传播主体和传播环节也更加丰富。数字时代，新闻传播的形式和内容往往由广大受众决定，并且由于信息化时代的发展，受众的喜好和品位转变的速度越来越快，导致新闻热点和新闻产品的发展趋势也不断发生变化，这要求研究人员及时把握时代发展方向，顺应新闻产业发展的潮流，优化不同新闻介质在新闻传播过程中的融合与转换，从而更好地处理新闻理论体系创新和数字化变革的关系。

（二）数字时代新闻传播生态发生的变化

科技的变革给社会带来的影响是全方位的，数字时代新闻传播领域在生产和渠道方面的制约被打破，其发展更加开放化和包容化。新闻生态的边界逐渐消融，生产机制重塑，传播模式革新，这些都是新闻传播生态在当今的变化。

1. 新闻生态的底层变革：边界消融

数字技术带来的变革是十分彻底的是作用于新闻生态底层的，这就导致了其边界的消融，而数字技术在其中的影响主要体现为信息生产可供性、社交可供性以及移动可供性，在这三方影响下，新旧媒体逐渐的边界不再是清晰的，新闻更加产业化、数字化特性更加明显。数字技术的变革推进了生产的可供性，使生产壁垒不断被打破。数字化技术的类型和应用都十分多样化，相应地借助它进行新闻生产也能够采取多样化的手段和更加开阔的思维方式。在选题时，可以借助数据了解当前人们关心的热点，关于新闻的传播效果也可以直接体现为数据，这些都促使新闻生产出现了新的业务形态，数字新闻和可视化新闻就是其中的代表。数字技术的变革推进了社交的可供性，使生产主体的边界逐渐消融，相较于传统媒体，新媒体呈现出全民化的特点，新闻的生产者不再局限为电视台、新闻社等媒体组织，而是更具宽容性，人们不再是被动地接收信息，也可以生产和提供信息，因此，新闻的生产更具开放性和包容性。新闻领域信息的传播也更具有社交特性，其生产和传播更加大众化和社会化，不再被局限于私人领域，而是扩展到了公共领域甚至无界限的领域。数字技术的变革，尤其是移动通信技术，推进了移动的可供性。如今人们都能够通过手机等移动终端接收和传播信息，这就使得信息消费更加个性化和碎片化，新闻的生产也突破了时空制约，更具随意性。

2. 新闻生产的主体变革：万众皆媒

数字技术推动了新闻生产主体的变革，其生产者不仅仅只是专业媒体，而是扩展到社会大众媒体，这一点也体现在了如今发展势头强劲的自媒体当中，每个人都可以是新闻生产的主体。而这种主体的变革集中反映出两种特征。一方面是生产主体的非制度化和非组织化参与，也就是说个人并不是为了发展为专门的媒体或者故意引发讨论，而是在无意之间参与到了新闻信息的生产和传播当中。另一方面是自媒体作为强势媒体持续地参与到新闻的生产当中。自媒体的参与是持续性的、专门性的，其门槛较低，新闻消息的专业性和可信度主要取决于账号持有者自身的文化水平和道德素养，呈现出良莠不齐的局面。自媒体的在新闻生产中通常是对事件的梳理阐述、多方意见的汇总等，有效扩大了新闻的影响力和传播范围，一定程度上增强了其内涵和价值。在万众皆媒的大环境下，不管是专业媒体，还是大众媒体，不管是国有媒体，还是私人媒体，只要参与到新闻的生产和传播就应当不断提升自身专业素养、提升自身道德素养，提供真实、可靠的信息传播，打造优良的新闻生态，形成正确的价值理念。

3. 新闻传播的效果机制：受众感知

数字技术对新闻传播生态的改变还体现在其效果机制上，传统媒体环境中，受众主要是在被动接收信息，反馈的渠道并不通畅，而新媒体环境下，新闻传播更具互动性，"感性新闻"趋势明显，这也使得人类感官发展更具整体性。如，数字技术之下的新闻往往是图、文、声、像并茂的，可以与世界各地的人连线对话的，这种新闻使得受众的感知更加强烈，也反过来推动了新闻更加接地气和有烟火气，更具情感温度。除此之外，数字技术延伸了受众的感官，也使得传播效果机制进一步变革。基于数字技术的新闻传播对于其效果追求的是多感官的刺激，重视对心理接受的刺激，从而形成一种多功能发展的趋势，如新闻信息传播中可以借助 VR 技术等，增强受众的体验感，使之能够沉浸式看新闻，这就有效地增加了新闻传播的技术性和人文性。

三、 新闻传播数字化技术的应用对策及影响力

（一） 新闻传播数字化技术的应用对策

数字化技术的发展为各行业、产业和技术发展提供了智能化的发展方向。在

网络信息技术的发展之下，信息的传播突破了时空壁垒，信息双方能够无视时空限制进行交流和互动，信息的传播是双向的、多向的，信息的内容也更加丰富和具有互动性。人们在新闻传播中的身份的多重的，可以成为新闻的生产者、传播者、评论者、接受者。并且随着数字技术的不断开发和应用，新旧媒体持续融合，大数据技术将对人们关于新闻传播的偏好和个性化需求进行深入挖掘并适时推送，因此，人们在新媒体中接收到的新闻信息往往都是自己感兴趣的，是满足自身个性化需求的。随着数字技术发展，媒体传播技术不断更新，信息的传播方式、媒体形式也会快速变革，随着时空限制的深入破除，新闻媒体的形式还会出现彻底的变革。

1. "身临其境"式新闻

面对数字化技术的深入开发和应用，元宇宙的概念被不断提及，人们将能够创建虚拟世界，在虚拟世界中社交、工作、消费，当前也能够在虚拟世界中接收新闻消息，这种新闻将会是"身临其境"式的新闻。基于计算机技术可以进行建模和渲染，构建虚拟的新闻事件的发生，主持人将会作为新闻事件中的亲历者展示第一视角的信息，观众则是作为目击者，如同在现场一样直观地接收新闻信息，有更加丰富和多样的感知。这种新闻的技术含量更高，对设备有着特殊要求，普通的新闻可以通过电视、手机、报纸等接收，这种新闻则需要受众通过VR眼镜等数字虚拟设备等，获取视觉和听觉感官上的信息，实现身临其境。这种技术已经出现在的人们的生活中，如VR游戏等，主要是对视觉和听觉的数字虚拟，并且还在五感虚拟的方向上发展。基于这种技术的"身临其境"式新闻，将能够使受众获得极强的现场感，切身感受到新闻现场的种种细节，使新闻报道更具真实性、准确性、客观性。相信数字虚拟技术的发展前景是广阔的，在技术的更新换代之下，人们能够通过专业设备实现对更多人类感官的虚拟，受众接收新闻信息的方式会更加多样和便捷。"身临其境"式新闻不会止于设想，而是会成为现实，颠覆当前的新闻传播生态，受众的新闻接收会具有更强的体验感，其即时性和真实性将大大提升。

2. 互动式新闻

数字化技术带来的虚拟性使新闻能够带来更强的真实感，当前数字化虚拟技术最能够触动的还是人的视觉和听觉。利用数字化技术能够实现虚拟主播的构造，新闻的播报者可以是虚拟的二次元人物或者动物，这些虚拟主播不仅在形象十分特殊，还能够做出常人无法做的动作，能够实现虚拟场景的构建，在现场或者舞台上构建出演播厅之外的景色或者物体，这一技术已经成了新闻节目和舞台表演节目的常用技术。如，2022 年的春晚就利用虚拟影像技术打造了 720°的环幕空间，打破了舞台限制，利用裸眼 3D 和 VR 技术进行物美布置，构建了超出现实的幻想空间。2015 年的《永远的丰碑——纪念反法西斯战争胜利 70 周年》直播节目，也利用了虚拟技术，演播厅大屏幕中驶出了一辆新型坦克战车，并停在主持人一侧，让观众更加直观地了解了这种武器。这就是基于数字化技术的互动式新闻，充分地利用了全景摄影技术、虚拟现实技术等，使新闻中的场景能够在演播厅中再现，受众能够点击链接感受更加真实的新闻现场，通过手指对屏幕中的视角进行转换、放大细节等，如同置身现场。不仅如此，观众还能够转换角色，以更加多元化的视角对新闻现场和事件进行观察和体验。这就极大地增强了互动性，提升了趣味性，有效激发受众的兴趣和参与感。这种互动式新闻已经成为数字时代新闻传播的重要形式，我们要对此做出正确认识，不能忽视高互动性之下对客观性的破坏，要始终坚持以客观、真实的原则进行新闻报道，不能因"形"害"意"，在关注形式的同时，要突出其内涵。业内要不断规范对此类技术的应用和对这种新闻形式的界定，构建相应的行业标准，促使互动式新闻走上正确的道路，促使受众在趣味互动形式之下关注新闻信息的真实。

（二）数字技术对新闻传播的影响力

1. "秒传播"重新定义新闻传播速度

网络通信技术至今仍旧处于高速发展阶段，短短数年，我们从 3G 时代进入了 4G 时代，如今又来到了 5G 时代，信息传播的速度不断突破人类的想象，新闻传播速度可以说是"秒传播"，这也极大地提升了新闻传播的影响力。在传统媒体中传播速度最快的可以说是电视直播，这能够实现实时的实践播报，直击现场正在发生的事件，但是这种形式存在着投资耗费大、环节繁杂等缺点。基于移动网络技术的直播则突破了这种限制，仅仅一部手机，再加上良好的网络，就能够实现现场直播。这种直播方式改变了新闻直播，如，2020 年的升学考试季，邯郸电视台就利用这种技术对中考和高考进行了现场直播，直播全程安排了 15 路记者，设置了 20 个直播点位。在传统的新闻传播方式中，邯郸电视台这种级别的媒体很难实现这种规模的直播，但是融媒体使此完成得十分轻易。累积有数百万的观众观看了中考和高考的直播，这也是十分现象级的融媒体新闻报道典型案例。此外，"秒传播"的速度还表现为瞬时传播，过去对于视频需要经过一段时间的加载才能够正常观看，观众习惯于先下载再观看，但是在 5G 时代，不管是文字，还是图片和视频，都能够实现快速的传播，观众点进视频仅需几秒就可以观看，这使新闻传播的影响力达到了空前的地步。但是不能忽视的是，媒体可以通过信息平台去多方面地收集新闻线索，挖掘出更多、更新的新闻信息，和受众进行互动，这就使新闻话语权更加广泛。

2. "网红"和"爆款"背后的个性化表达

新闻传播的影响力的变化不仅体现为影响力的提升，还体现为不同模式的新闻报道的影响力的差异，以新闻联播为代表的灌输式的报道的影响力在下降，人们阅读的碎片化之下是对个性化、互动化、趣味化的报道的需求。观众倾向于更加个性的、平等的交流，新闻联播也顺应这种需求，新闻联播主持人在节目结束后以更加轻松的态度录制《主播说联播》的短视频。很多严肃的重要活动中，也会推出"短视频""VLOG"等新的报道形式，这种报道突出了记者个人视角，形式上更为生动、轻松、活泼，造就了不少网红记者，其报道的观看次数达到了千万以上。新闻传播和新闻报道应当认识到这种网红的出现意味着观众对个性化表达的需求，这种表达更加符合如今的传播生态，其传播力更广、影响力更大。

第二节　跨学科发展

一、　新闻传播教育理论跨学科发展的背景

2000 年前后，美国哥伦比亚大学新闻学院开始尝试与计算机学院合作，开创了移动新闻工作站项目，运用较为笨拙的巨型平板电脑、沉重的 GPS 场景定

位设备，以及有限的数据库来支撑"信息与传播技术（ICT）"化的教学演示。这次教学演示，预言了在随后的十数年间蜂拥而起的移动新闻实践与新闻传播理念的变迁，并从教育方法论角度，为新闻传播教育拓宽具有媒介融合、跨学科、智能传播的新视野指明了一个新方向。我们可以清晰地窥见这一方向在中外新闻传播教育中逐渐清晰和明确，并被赋予了丰富而多元的内涵与外延，呈现出极为活跃的创新趋势。在这一方向下，出现了大量的"移动新闻学（Mobile Journalism）""网络新闻（Online Newsmaking）""互联网与电视（Internet and Television）""融合新闻学（Convergence Journalism）""融合新闻实务"，乃至"创新新闻学"等创新型课程模块。

作为一个相对年轻的社会科学领域，新闻传播学一直经历着学科定位、理论归属和"分裂与融合"的诘难，新闻学与传播学在中国本土高等教育中的自我探索与联盟是智能媒体前沿与中国媒介市场发展的客观规律密切相关的，"传播学与新闻学结盟""新闻学与传播学的融合"是一种具有中国本土特征的研究与教育现实，而不是一种想象。这也使得新闻传播教育的跨学科模式有一种独特的本土性，兼具实务与研究、术与理的双重特征而从更为广阔的社会科学的学科角度来审视和回顾新闻传播教育中的"跨学科""大文科"的诉求及探索，我们会发现，这一教育理念并不是一个崭新的话题。这些多学科融合理念的初探，不仅高屋建瓴地揭示了新闻传播教育在面向新世纪、新技术、新社会与人文环境下的自我突围的尝试，更是指出了新闻传播教育的未来趋势。

二、 新闻传播教育实践跨学科发展的现状

新闻学和传播学在元理论建设上还很薄弱，这成为制约学科深化发展的重要瓶颈，教学实践与理论研究更是滞后于传播技术的发展和传播媒介的更新，而跨学科、大传播教学理念的重新建构与思考则是解决这一根本性难题的思路。原有的新闻传播教育模式培养出来的单一知识结构的专业性人才已经为时代所抛弃，只有复合型新闻传播人才方能胜任当今的新闻传播工作。媒介融合不仅成为一种媒介现象和文化趋势，更成为当下最为急迫的教育革新命题。新传播科技给新闻传

播实务的教学和研究也带来了整合的要求，新闻实务要转变为新闻与传播实务。

今天的新闻传播生态融合了大众传播、窄众传播、群体传播、社交传播的诸多元素，不是新闻传播专业与专业之间的竞争，更不是单纯的"内容为王"式的竞争，而是专业与非专业、内容与平台、大众传播与人际传播、传统媒介与计算机及移动媒介之间的竞争。

在泛媒体、沉浸媒体、智媒体的形态演进下，媒体呈现出现实高清、虚拟现实和超级智能的特征，未来将开启万物皆媒、人机合一、自我进化的智媒时代。新闻传播教育的改革，学科专业将根据智能传播作为元传播而重新进行结构设定。在一种智能传播理论、理念的指引下，我们的教育模式、教育实践要与其相适配。

中国传媒大学在探索学科教育转型与升级中，强调传统的文科或艺科培养模式与工科的培养模式打通和兼修，探索了一条"文艺工"交叉融合的新文科、新工科、新艺科的创新路径。近年来，在本科生培养层次陆续开设数据新闻报道、网络与智能媒体设计、数字娱乐、数据科学与大数据技术、智能影像工程、传媒大数据、智能媒体技术、智能融媒体运营等专业方向；在硕士研究生培养层次陆续新增智能传播、社会化媒体、视听新媒体、网络与未来社会、智能融媒体、全媒体报道、智能网络与大数据、5G/6G智能媒体通信、虚拟现实技术、新人工智能与智能控制、人机交互、智慧媒体等专业或方向。

有学者提出智能传媒教育范式，并通过"传媒+"的模式开拓新兴的交叉学科或专业，如与大数据、脑科学、网络信息安全等新兴理工科交叉融合，或与社会学、管理学、历史学、语言学等社会科学交叉融合。基于此，中国传媒大学在原有的新闻传播学科和教育资源的基础上，涉足智能传播中的 VR/AI 新闻，设置了脑科学与智能媒体、数据新闻、计算语言学、计算传播学等专业，展开与智能传播时代新闻传播教育改革、社会需求和人才培养变革的对话及协商。

在过去的数年中，"网络与新媒体"成为中国新闻类院校的一个专业热词，它也成为与新闻学、传播学、广播电视学、广告学、编辑出版学并列的二级专业，凸显了高等教育对信息时代网络传播人才培养的重视，体现了新闻传播院系对传播媒介发展趋势的关注和跟进。虽然目前全国已有 140 所院校开办了网络与新媒体专业，但大多数高校仅仅是迈出了跟跟跄跄的第一步，因为过度迎合人才市场的需求，有些高校每年都试图更换专业名称，而由于缺乏课程模块开发的持续性和经验性总结，实质上是新瓶装旧酒。

另外，多数高校强调交叉人才培养模式，在课程设计上选择理论基础、新闻业务、互联网技术、媒介经营管理、营销公关、视听软件应用等课程模块，且大部分课程属于概论或通论课程，课程间的相关性较弱，专业设置标准降低，一元化的学术评价制度，专业教育视野过窄，课程体系存在结构性缺陷等问题较为明显。有学者通过对国内 55 家开设新闻传播专业相关院校展开的定量研究发现，当前新闻传播学专业本科层次的核心课程范围在扩大，呈现出明显的"跨学科"特征，但原有课程体系与新增课程之间的矛盾突出，院系对核心课程设置的自我满意度普遍不高。

从单一教学功能到产学研多元功能重组，一些高校已建成或开始建设涵盖人工智能、大数据、物联网、脑科学、人机交互/融合等的代表未来技术发展方向的新型媒介实验室，并成为指引行业智能化发展趋势、输出前沿信息传播研究成果、面向社会及市场服务的高端学术科研与服务平台，同时也是培养融合传播、交互编创、多学科交叉等复合型人才的实践基地。

三、 新闻传播跨学科发展的现实路径

（一）新闻传播学学科边界的不断拓展

以往新闻传播学基本不太考虑跨学科/跨领域的合作研究，但在新媒体背景下，许多研究单独一方都很难完成，需要开展跨学科、跨领域的协同合作研究。比如，人工智能和大数据的广泛运用，使不少新闻传播学的老师不得不寻求与计算机、统计学和数据领域专业的学者合作。喻国明老师就指出，在互联网时代，协同合作非常重要，因为一个专业领域里，没有一件事情是可以通过一个人来独立完成的，所以人与人之间的协同、协作是解决问题真正的办法。但新闻传播学学科边界的不断拓展也导致了一个新的问题出现，那就是新闻传播学科的边界会不会因此而变得模糊？新闻传播学科是不是可以无限扩张，最终变成一个无所不包的学科？事实上，在互联网社会，新闻传播学科的边界意识确实也变得有些模

糊，每天都有新鲜事物冒出来，学者们在迅速跟进中也在不断制造新概念、新知识和新话语，如"数据新闻""应用新闻学""建设性新闻学""健康传播""政治传播""周边传播""时尚传播""传播心理学""城市传播""国际传播""生态传播学""符号传播学""位置传播学"……如此众多的"新说法"表明我国新闻传播学者在互联网新媒介环境下不断努力拓展本学科发展空间，但是这些努力也产生了一些负面效应。

（二）把握新文科本质属性与新闻传播学跨学科研究内涵

新文科概念源自 2017 年美国西拉姆学院提出的学科重组主张，此后，世界高等教育界都认识到推广和扩展新文科理念的重要性。我国强调把新文科建设的高度，要求传统文科进行学科重组交叉，特别强调把新技术融入传统的人文学科中。新闻传播学的跨学科研究是一个内涵丰富的命题，也是本学科重要的研究方法和研究领域。

面对时代变革的开拓创新新文科建设并不是孤立提出的，它与新时代"人才强国""科教兴国""民族复兴"等国家战略相互联系。2019 年，国务院新闻办公室发布了《新时代的中国与世界》白皮书。书中阐释了中国与世界的关系，详细解释了当代中国的国情。同年，国家全面推进新文科建设，这是继新工科、新医科、新农科建设之后的又一重大改革举措。新文科的"新"建立在对当代我国文科高等教育的现实分析上，强调的是面向现实，在国际国内都发生重大变化的宏观背景下，全面确定我国文科高等教育所处的历史坐标。唯有打破学科的传统壁垒，实现学科间的交叉融合，才能突破创新；唯有创新，才能担负起文科高等教育的历史使命。新闻传播学科本身涉及广泛而复杂的社会现象，从产生之日起，其研究路向与方法天然地具备跨学科研究特性和多学科基因。

新闻传播学和社会学、心理学、经济学等其他学科之间的交叉融合领域一直是该学科研究经久不衰的热点。随着时代的转型与发展，越来越多的新闻传播学学者通过跨学科研究的方法丰富和更新自己的理论，以应对复杂社会现实问题的严峻挑战，并取得了一系列重要成果。这不仅使学界的研究领域借助其他学科得以拓宽，还为业界的发展提供新的经济增长点。因此，新闻传播学跨学科研究的开拓创新在一定程度上破解了学科的内卷化，拓展了学科的研究视野。

可见，新文科建设不仅是对现状的分析，还是对未来的预判和展望。新一轮科技革命和产业革命翘首可期，日新月异的传媒现状使得单纯的新闻传播学学科研究维度只能管窥一斑，无法审视和剖析新闻传媒的变化发展趋势，也很难发挥新闻传播学学科的价值，更别提实现学科增值。考察新闻传播学跨学科研究的历程，我们发现，跨学科研究并不单纯是现状"倒逼"而选择的研究形式与手段，而是面对即将到来的"智媒时代"的冲击，形成对新闻传媒未来发展趋势的综合判断，从而积极主动创造出一种有利于本学科的格局和趋向。

（三）构建多元复合的培养模式

现代科学技术的发展呈现出既高度细分又高度融合的显著特征。构建多学科集成与交叉的培养环境与机制，培养未来能够解决综合性重大科技和社会问题的复合型创新人才，已经成为世界高等教育人才培养的共识和趋势。

从知识生产角度看，多元聚合俨然是新闻传播学科知识版图的鲜明特色。无论是克雷格（Craig）和罗伯特（Robert）声称传播研究内含了修辞学、符号学、现象学、控制论、社会心理学、社会文化、批判理论七大传统，还是近年来国内学者开始努力通过跨学科的传播研究，推动理论创新和学科发展，取得了令人刮目相看的研究成果，抑或是风头正劲的数据挖掘、数据可视化、计算新闻学、机器人写作，无不表明新闻传播学科的知识体系和理论范式极具张力和活力，它与其他学科特别是与自然科学保持着深入互动和深度融合。

在新闻传播教育中寻找全新的跨学科理论融合出路，不仅意味着要寻找到切合中国本土学生的、具有中国特色的"人文—历史—哲学"的思维方式与科学方法论思维方式结合的新方向，更重要的是如何引入最新的新闻传播理论，即使是不成熟的、实验性的、争议性的，却也具有开拓性和思辨价值的理论，进入当下的新闻传播教育理论之中，这是面向所有新闻传播教育者和研究者提出的新挑战。

在教育理念的创新上，我们也要在未来的教育教学设计中，将政治学、语言学、社会学、文化学、艺术学、计算传播学、神经传播、认知科学等学科的通识教育和相应的专业教育框架结构到新闻传播教育之中。以往，在具有综合性大学背景的新闻传播类专业院校中，凭借学科、专业、师资、课程等的综合性优势，这种交叉性、融合性理论型课程普及和教育需求以学生自发研习的形式进行，那么如今，如何打破专业或院系的壁垒，重新设计"国际新闻传播""媒介与社会""新媒体艺术传播""新媒体编辑""融合新闻报道""数据新闻实务"等这类综合了计算机科学、网络传播、新闻传播学的交叉性课程，将编程、交互编创、App 设计、大数据分析等教学模块嵌入其中，也就成了新闻传播教育改革的直接目标。

最后，如何运用更为互动、浸润式、智媒化的教学模式，以学生为主体，重新架构教与学、讲授与分享、个人创作与社会服务的多重关系，探索新闻传播教育的创新领域，是一个全球性的趋势，更是一种新教学关系、新知识传播范式的展现。教学模式与课程的创新，还体现在新型媒介实验室的建设上。从国际新闻教育与实验室教育现状来看，美国侧重生物科技、认识神经、行动等领域的结合，如高校中较为流行脑科学、神经科学与传播学交叉共融的实验室；英国则在数据新闻方面较为领先，并且数据与新闻的研究，与社会学、人类学等学科密切结合、相互观照，如卡迪夫大学数据正义实验室所探索的数字进程与社会正义问题，其中涉及数字隐私、权利结构等诸多方面的研究。虽然受限于师资和教育技术更新的滞后，目前中国的新闻传播类院校全面开发相似课程仍有难度，但近年来，VR 和 360 全景新闻报道与制作也开始逐渐进入课堂。例如，中国传媒大学新闻传播学部举办的荷赛新闻摄影展以及正在建设中的全媒体互动课堂，多屏互动、VR 技术和 360 全景报道已经在教学实践中有所应用。

（四）"以问题为导向"

新闻传播学该如何跨学科？我们可以借鉴国内外先行者的经验。20 世纪 40 年代，美国著名传播学家威尔伯·施拉姆在爱荷华大学改革新闻学院教育模式，重组本科生新闻学课程，减少了写作、编辑技能方面的课程，代之以社会学、政治学、经济学和其他社会科学的跨学科教育。博士生课程尤其注重跨学科内容。联合国教科文组织的一项调查指出，美国各大学在新闻教育方面提供了非常广泛的跨学科课程，新闻学院 3/4 的课程是跨学科教育的内容。新闻传播教育的主流，已经从传统的培养新闻记者的职业性方向，转向更重视跨学科融合，重视来自社会学、经济学、政治学、历史学和哲学的学科背景。跨学科不仅是在课程设置上多开几门其他学科的课程来完善新闻传播学科体系，而且需要不同学科在探索和教授的过程中，或多或少进行整合甚至调整，即强调团队合作。

任何跨学科都要从学科发展立场出发，从学术建构与人才培养层面出发，通过宏观视角进行顶层设计、模式创新，以自上而下的方式来推动跨学科平台的发展。很多新闻传播学院近年来也在跨学科方面不断探索，主打"交叉牌"。一些学校借助全校理工科强势平台，把新媒体与计算机、数据挖掘、人工智能、网络空间安全、管理学等专业结合起来进行跨学科交叉，从师资、科研、教学上全面融合。对本科生实行"人文社科大类"的招生与培养，即本科生在一年级时不分专业，但可以选修各院系的不同课程，寻找兴趣方向，二年级时再具体选专业。硕博生的培养也设置了跨学科的方向，现有新媒体与社会治理交叉学科博士点就是将新闻传播学与马克思主义理论、哲学、网络空间安全融为一体的大胆尝试。

第三节　本土化发展

一、新闻传播"本土化"现状

（一）本土化的源头与落脚点

相对于欧美等国家，我国关于新闻传播理论的研究起步更晚，其发展时间较短，没有形成足够完善的研究体系，很多理论都是对国际研究的直接吸收。这些理论是基于资本主义的新闻传播背景形成的，并不适应我国本土情况，无法有效作用于我国新闻市场。在市场应用中还存在一个问题就是理论应用十分死板机械，没有做到贴合市场实际。新闻传播理论的应用最首要的问题就是无法适应本国国情，难以解决现实问题，这就导致理论研究很难持续深入，而市场也难以健康发展，理论的指导作用被弱化。中国的新闻传播理论研究必须要突出中国特色，而非照搬国际理论。

关于"本土化"的话题，一直在我国新闻传播领域被反复提及，被认为是其理论研究的关键所在。"本土化"这一问题其内涵十分丰富，有多个语境，价值取向也是多元化的，但始终被放在重点位置进行讨论的是怎样利用西方新闻传播理论进行本国的研究和理论创新，构建中国特色的新闻传播理论体系，向国际展示中国力量。"本土化"面临的困境在于媒介中心主义的过分制约，学者们在研究过程中既没有探寻普适性的社会哲学理论，也没有充分融入本国社会实际。

（二）传统地方媒体新闻本土化坚守存在的问题

1. 新闻传播理念缺乏创新

理论具有重要的指导作用。传统地方媒体在新闻本土化坚守中，要始终坚持理论创新，结合当地实际，革新新闻传播理论，在创新理论的指导下开展工作。但是部分传统地方媒体因循守旧，新闻传播理论创新力不足。如，部分传统地方媒体更加追求新闻的吸引力，追求爆点、热点，忽视了新闻本土化，没有做到为人民、社会服务。也有部分传统地方媒体始终在推进新闻本土化，但是创新意识不足，存在忽视文化传播等问题，这就削弱了其自身的新闻传播作用，很难做好新闻本土化坚守。

2. 新闻传播体系不够完善

传统地方媒体要始终坚持服务地方的宗旨，这是其当代工作的重要核心内容，为此应当构建较为完善的新闻传播体系，而这部分工作往往容易被传统地方媒体所忽视。部分地方传统媒体在工作时过于形式化和流程化，没有做到增加新闻的广度和深度，采、编、播之间较为割裂，尤其导致了新闻内容的空泛和无聊。例如，对于一些政府会议和政策的宣传播报，往往是按照一个模板进行套用，忽视了对精华的解读，也忽视了新闻评论，这就降低了新闻消息的传播力和影响力，导致其整体水平不高。还需注意到的一个问题在于没有健全的本土新闻传播机制，很少涉及当地社会问题和群众生活难题，没有做好服务当地群众，难以吸引受众观看。

3. 新闻传播模式有待优化

新闻传播模式有待优化也是突出问题之一，这也是传统地方媒体竞争力不足、沦落至边缘的一个原因。例如，部分传统地方媒体的宣传没有做到线上线下充分结合，忽视了对传统媒体和新媒体的综合应用，难以构建科学合理的新闻传播模式，资源体系不够完善，忽视了新闻工作者的自身专业能力和职业道德。部分传统地方媒体也尝试了多种方式开展本土化新闻传播，但是忽视了受众黏性建设，没有经营好"粉丝群体"，互动性不足，这些都是其新闻传播模式当中的不足。

（三）传播素质教育本土化现状

基于本国国情，我国传播学界提出了传播素质教育本土化的理念。传播素质，指的是在信息时代，个人能基于受众，选择双向互动模式，采取杜仲传播手段，以此开展有效的信息传播和心灵沟通的素质。要具备这种素质，个人就应当具备优秀的传播心理和胸怀，能够运用合适的传播方式和艺术。通常而言，传播素质的教育是从低年龄开始，由浅入深的系统性教育体系。然而，我国社会大众对传播素质的认识不足、没有充足的师资力量，这就导致了传播素质教育难以从启蒙期开始。

我国的高等教育仍在不断革新，很多大学生都乐于接受人文素质教育，对人际交往等课程较为热衷，然而此类课程只是作为高校的选修课，而非重要的素质课。西方国家中，传播学教育发展较好，有一定的传播素质课程体系，这些课程可以作为我国素质传播教育的参考，而如何取其精华，实现国外课程资源的本土化，仍是高难度的挑战。我国的传播素质教育本土化应当坚持开放性原则，辩证吸收西方国家的传播学教育经验，充分利用其课程资源，同时从高校试点开始，坚持因材施教，使之充分贴合我国教育实际。

（四）新媒体时代建设性新闻本土化实践研究

新媒体时代，建设性新闻（Constructive Journalism）兴起并发展。此类新闻主张媒体不能单纯地进行新闻事件的播报，还要尝试制定具有可行性的解决方案，成为社会治理的一股力量，提升群众对事件的关注和意见表达，和政府一起参与社会问题的解决。同时借此实现媒体价值的重新定文。我国关于建设性新闻的研究如火如荼，学者对其发展、定义、事件等仍在热切研究。

建设性新闻致力于使媒体更好地参与到社会建设当中，这种对社会效益的强调与我国新闻事业的发展是相符的。解读建设性新闻的含义要抓住"积极"和

"参与"这两点。其主张构建协商机制，强调突出公众在社会问题中的参与，和政府协同治理，理性建设。建设性新闻就是要在积极参与新闻实践的过程中，发挥媒体的建设性作用，并且重新定位其价值。

2019年初，苏州广电作为先行者，开始了建设性新闻本土化实践。这是最早的试点单位，在建设性新闻实践尝试初期，进行了优质个案的试水，并不断深入。开展的《苏城议事厅》等专题栏目已经脱离了个案的尝试性，已经形成了标准化的产制模式。

《苏城议事厅》是重点打造的建设性新闻栏目，定位智能理政。栏目率先在国内扛起建设性新闻理念的旗帜，坚持以问题为导向，关注民生热点，回应百姓关切，调动各方力量参与社会治理，旨在更好地加强政府和民众的沟通互动，畅通民意的表达渠道，推进社会治理。

新闻栏目议题的选择是新闻生产的首要环节和关键环节。作为苏州广电主打的建设性新闻栏目，《苏城议事厅》栏目内容涵盖政经、文教、城建、社会管理等诸多领域，其议题紧扣苏州市委市政府中心工作，偏向政策性议题。而《曝光台》栏目主要针对各职能部门作风建设问题进行媒体舆论监督，剑指形式主义、官僚主义，其议题以具体个案为主，切入口较小，民生气息浓厚。

在建设性新闻理念的指导下，苏州广电的建设性新闻栏目坚持以问题为导向，秉持"发现问题、分析问题、解决问题"的新闻生产逻辑，将解决方案思维融入新闻报道中。新闻报道的目的不再是为了简单地呈现问题和解释问题，而是讨论并实施解决方案。

苏州广电的一系列工作推进了我国建设性新闻的本土化，提供了实践经验。与国际相比，我国的建设性新闻实践有明显不同，前者遵循的是新闻专业主义逻辑，其实践的价值归于公民和社会。我国是社会主义国家，新闻媒体的实践要遵循政治逻辑和人民逻辑，一方面要充分宣传党的政策和精神；另一方面要代表人民的心声，联通上下。所以，苏州广电的建设性新闻实践能够成功，离不开本土化，是基于马克思主义新闻观，批判学习了建设性新闻理念，使之适应国情，将其价值定位为参与社会治理，促进政府善治。

（五）媒介中心主义的缺憾

如果说新闻传播理论创新路径已经在西方受众研究理论新媒体时代的华丽转身中得到了印证，那么对照我们自身的受众研究理论创新，还存在哪些误区或不足呢？

我们多年来所倡导的本土化运动可能在理论的源头上就出现了偏差，也就是说我们到底应该将什么理论进行本土化。实际上，自改革开放以来，西方新闻传播学理论的译介工作成果甚为丰硕。"借船出海"的理论创新路径，也一直是本土化话语的一种内在的自觉意识。但是，不可否认的是，在本土化的视野问题上我们多多少少固步自封地囿于"媒介中心主义"。也就是说，我们过多地将眼光集中在新闻传播学领域，而忽视了更具有本体认识意义的社会科学理论对新闻传播理论创新的作用。这种局限性造成的结果就是，很多时候我们只是在寻觅一星半点的本土新闻传播现象，以削足适履的方式为西方理论充当注脚，而忽视了我国新闻传播实践自身的丰富性和特殊性。

我们在本土化过程中只注重解释或服务本土的媒介实践，却对我国媒介实践身后的社会情境考虑甚少。这不但有损于新闻传播学科的公共品质，而且也使得我们的本土化研究犯了机械主义的认识论错误。因此，目前看来，无论是西方的新闻传播理论还是普适性的社会科学理论，在本土化的过程中都给我国新闻传播学的理论创新带来了一个内在冲突。而造成这一冲突的重要原因，就在于我们对所谓的"本土情境"或"中国经验"认识不够。而这些"本土情境"和"中国经验"，应当从社会改革发展的历史进程和特点、历史与文化的差异乃至深层次的东西方哲学取向等方面着眼。

二、 新闻传播"本土化" 的发展

（一）传播教育本土化发展新思路

以传播门类专业学生为起点，让他们担负起"光源"的使命，借助他们的力量，再将传播素质教育辐射到校内的其他专业，是发展传播素质教育的重要力量和最基本的方式。

这种辐射可分步骤进行，循序渐进。大体地说，是一个两步走计划：先是将传播素质教育辐射到相关或相近的，比如社会工作专业、公共事业管理专业、文秘专业、艺术专业等人文社科专业；等到教育基础平台积累到一定水平，时机成熟，再采取第二步行动，将传播素质教育在全校范围各专业各年级广泛推广。

与新闻传播相近的专业，在专业要求上有很多共通之处，对其辐射传播素质教育会比较容易，辐射的内容也可以多些、深入些。而其他专业，可能只需要辐射一些基础的、概论型的传播素质教育即可。当然，任何课程的教学，课堂上的教育只是一种入门导引，关键还在于个人的"修炼"，传播素质教育也不例外。在同一所学校，传播素质教育当然也需要，而且存在着纵向延伸。在各个专业内部、不同专业之间，随着时间的推移，伴着学生由低年级向高年级成长，逐步加深和强化传媒教育，如此届届相传，实现一种纵向的积累、递延和推进。

1. 学校间的发散式铺延

传播素质教育的内涵非常宽泛，单靠某所学校的力量是很难或者说根本无法支撑起来的，所以整合各高校的优势力量，借众人之力量来逐步发展传播素质教育，是最简捷、最有效的方式。现有的新闻传播类专业学科力量虽然属于不同的院校，但作为中国传播素质教育启动的龙头和赖以展开的枢纽，彼此之间如果能够相互沟通、合作，必将拧成一股比较强势的力量，逐步丰富传媒教育资源和经验，建立成熟的传媒教育框架体系，向其他院校提供教学支持、技术支持。这些枢纽点互相交错联合，形成一张发散式铺延的"网"，每一个点都是网上的一个重要结点，而每一个结点又依赖自己的"张力"和整个网的"张力"，不断向其他院校铺延，形成更大的网，循环往复，不断积累，从而把高校传播素质教育的触角越伸越远，面越铺越广。

2. 巧妙借助大众传媒教育和社会教育的力量

随着大众传媒的发展，学校与社会、学生与社会的关系愈加紧密，大众传媒和社会力量也日渐发展成为大学生学习的重要途径。因此，传播素质教育要充分挖掘其中的潜力，将大众传媒教育和社会教育纳入传播素质教育手段之列。大众传媒应该充分发挥自身得天独厚的教育功能，通过制作相关的教育节目，借助广播、电视、网络等媒介放送给受众，继而影响受众，为传播素质教育助一臂之力。借助社会教育的力量，主要是指通过鼓励学生参与各种培训班、论坛及民间自发的活动，在参与过程中密切学生与社会的联系，开阔发展传播素质教育的思路与视角。

传播学教育要持续深化改革，就要重视传播素质教育，这样才能使之进入新境界，寻回"传播"本源，并改善社会的传播素质意识，推进其教育。传播素质教育的意义不仅在传播学教育，更作为国民素质教育一部分发挥作用，使新闻传播的本土化发展更具社会意义。

（二）传统地方媒体新闻本土化坚守的优化策略

1. 创新新闻传播理念

传统地方媒体在实施新闻本土化坚守的过程中，一定要持续不断地创新新闻传播理念，重中之重的就是要着眼于提升本土化新闻传播的吸引力、影响力和竞争力，更加高度重视对本土新闻的挖掘和宣传，特别要着眼于更好地服务地方、服务社会、服务百姓，积极探索新闻传播与地方政治、经济、文化、社会、生态建设的有机结合，努力提升新闻传播的整体水平。比如在各地大力实施"乡村振兴计划"的新时代，传统地方媒体应当加强对各地实施"乡村振兴计划"的思路、做法、经验等进行宣传；再比如在各地大力推动经济发展方式转型的过程中，要对转型方面的好经验、好做法进行深入的挖掘和宣传；等等。创新新闻传播理念，也要更加重视新闻传播领域的拓展，特别是要着眼于更好地提升服务能力，进一步拓展新闻传播渠道，努力使新闻传播能够更具有广泛性。

2. 完善新闻传播体系

在融媒体时代，对传统地方媒体提出了挑战，但传统地方媒体具有很强的权威性，因而可以通过完善新闻传播体系来扬长补短。这就需要传统地方媒体要立足于更好地服务地方，积极构建多元化、科学化的新闻传播体系。要更加高度重视新闻传播工作整体性建设，特别是要在构建采、编、播一体化新闻传播体系方面下功夫，这就需要大力培养具有较强综合素质的复合型新闻工作者，同时也要在本土化新闻栏目设计方面下功夫，更加重视服务地方经济。要大力加强本土化新闻传播体系的系统性建设，特别是要着眼于推动本土化新闻传播"专、精、特、新",加强对各类新闻点的挖掘和分析,比如在对本地会议、政策等进行宣传的过程中,要更加高度重视新闻内容的"精"与"深",并将它与新闻评论结合起来,使老百姓关心的热点和难点问题能够及时得到宣传和解决。

3. 优化新闻传播模式

在融媒体时代,要想使传统地方媒体新闻传播更具有影响力和竞争力,一定要在新闻传播模式创新方面取得突破。这就需要传统地方媒体在开展新闻传播的过程中,一定要更加高度重视模式创新,重中之重的就是要适应融媒体时代,积极探索"线上"与"线下"相结合的新闻传播模式,在做好"线下"新闻传播的基础上,打造更多具有吸引力和影响力的"线上"新闻传播平台,除了要大力加强官方网站建设之外,也要在开发 App 平台、打造"微信公众号"等诸多方面下功夫,进一步拓展"线下"新闻传播渠道。要把"地方中央厨房式融媒体新闻平台"建设上升到更高层面,除了要构建科学的平台之外,也要在加强团队建设方面下功夫,引进和培育优秀的新闻工作者。要大力加强互动传播模式的运用,加强与网友的沟通与交流,特别是对网友提出的问题要及时给予答复,进而提升传统地方媒体的影响力和吸引力。综上所述,在当前融媒体快速发展的新形势下,对于传统地方媒体来说,要想更有效发挥自身的职能和作用,一定要在服务地方、服务社会、服务百姓方面取得突破,因而在新闻传播方面应当大力实施本土化坚守,努力提升本土化新闻传播能力和水平。这就需要传统地方媒体在实施转型发展的过程中,要着眼于构建更加科学和完善的本土化新闻传播机制,切实加大改革与创新力度,特别是要坚持问题导向,着眼于破解新闻传播过程中本土化坚守存在的突出问题,运用系统思维,重点要在创新新闻传播理念、完善新闻传播体系、优化新闻传播模式等诸多方面狠下功夫,努力使传统地方媒体新闻传播的吸引力、影响力和竞争力不断得到提升,进而能够更好地服务地方。

参考文献

［1］高晓虹，涂凌波. 当代中国新闻传播学研究的范式创新与理论追求［J］. 新闻记者，2022（05）：7-11.

［2］阎石. 新闻传播中的数字化技术应用研究［J］. 新闻文化建设，2022（04）：128-130.

［3］李波. 马克思主义新闻观在新闻传播中的指导意义［J］. 新闻知识，2021（11）：32-39.

［4］李语嫣. 关于新闻传播研究理论与实践融合发展的思考［J］. 传媒论坛，2021，4（11）：19-20.

［5］陈琛. 建设性新闻本土化实践研究［D］. 南昌：江西师范大学，2021.

［6］武晓习. 马克思主义新闻主体理论研究［D］. 兰州：兰州大学，2020.

［7］王艳艳，林晓华，黄梦侬. 旅游传播研究发展刍议［J］. 旅游纵览（下半月），2020（08）：81-82+87.

［8］李丹丹. 传统地方媒体新闻的本土化坚守［J］. 新闻传播，2019（19）：30-31.

［9］邹妍妍. 践行马克思主义新闻观 提升新闻传播力［J］. 新闻研究导刊，2018，9（20）：97.

［10］包东流. 新媒体时代的新闻传播创新模式［J］. 传播力研究，2018，2（29）：117.

［11］陈力丹. 继承和发展马克思的新闻传播思想［J］. 新闻与传播研究，2018，25（06）：5-12+126.

［12］易玥理，衣彤. 大数据对新闻传播的影响分析及探究［J］. 传播力研究，2018，2（02）：35-36.

［13］周倩.论融媒背景下的新闻理论和实践创新［J］.传播力研究，2017，1（07）：58.

［14］陈力丹.马克思和恩格斯的新闻传播思想［J］.新闻界，2017（05）：100-102.

［15］金莉.关于新闻传播理论与实践的新思考［J］.传播与版权，2017（02）：23-24.

［16］丁云亮.论马克思主义新闻观的实践品格［J］.东南传播，2016（10）：41-43.

［17］戚硕.大数据时代的新闻传播创新路径探究［J］.中国传媒科技，2016（10）：48-49.

［18］刘敏.新闻传播推进马克思主义大众化问题研究［J］.改革与开放，2016（14）：111+113.

［19］武振宇.地方电视台新闻本土化［J］.新闻研究导刊，2016，7（13）：261.

［20］郑婉瑶.新媒体语境下新闻的内涵解构与定义新论［D］.锦州：渤海大学，2017.

［21］张冰清，芮必峰.马克思新闻思想的价值取向及基本内容探析［J］.蚌埠学院学报，2015，4（03）：164-167.

［22］张冰清，张国伟.马克思新闻传播思想研究的历史进程概述［J］.新闻研究导刊，2015，6（07）：190.

［23］喻国明.大数据方法：新闻传播理论与实践的范式创新［J］.新闻与写作，2014（12）：43-45.

［24］任爱芬.用发展的马克思主义新闻观指导新闻传播［J］.科技展望，2014（20）：239-240.

［25］王自力.电视传播的本土化策略研究［J］.西部广播电视，2013（11）：52-53.

［26］王科，张杰.新时期的新闻传播理论在高校新闻宣传中的实践应用［J］.广东科技，2012，21（21）：197-198.

［27］黄琳. 数字技术对新闻传播的影响［D］. 长沙：湖南师范大学, 2008.

［28］衣学勇, 李文杰, 孙林. 对民生新闻类电视栏目发展现状的理论之辩［J］. 电影评介, 2008（02）：94-95.

［29］王荔. 论我国城市电视新闻的本土化发展［J］. 山西煤炭管理干部学院学报, 2007（01）：157-160.

［30］若文. 报刊审读：大众传播学本土化中应面对的问题［J］. 报刊之友, 2003（04）：12-14.